Malin Lindroth
Ungebunden

W0012328

PIPER

Zu diesem Buch

»Mach Dir keine Sorgen, Liebes, mit dir will eh niemand ausgehen!« Diese Worte hinterlassen tiefe Spuren bei Malin Lindroth. Sie ist sechzehn, als die amerikanische Gastmutter ihr prophezeit, dass ihre jugendlichen Mädchenträume nicht in Erfüllung gehen werden. Damals ahnt sie nicht, dass diese verhärmte, lieblose Frau recht behalten würde. Nur einmal, mit Anfang zwanzig, da lebt Malin ein Leben, das normal« ist: Freund, gemeinsame Wohnung, geteiltes Bücherregal. Nach vier Jahren beendet sie die Beziehung. Der nächste Mann wird schon kommen, denkt Malin.

Jetzt, dreißig Jahre später, stellt sie sich die Frage, was seitdem eigentlich »schief« gelaufen ist. Warum gelingt es ihr nicht, eine Beziehung zu führen, wie es beinahe alle um sie herum tun? Oder ist gar nicht sie das Problem?

Malin Lindroth studierte Psychologie und Philosphie an der Universität Göteborg. Sie ist Autorin, Dramaturgin und arbeitet außerdem als Kulturjournalistin. Für ihren Debütroman »Vaka Natt« erhielt sie 1999 den renommierten Aftonbladet-Literaturpreis. Lindroth lebt in Mölndal in der Nähe von Göteborg.

Teresa Bücker arbeitet als Journalistin und Autorin zu gesellschaftspolitischen Fragen der Gegenwart und Zukunft. 2017 wurde sie als »Journalistin des Jahres« ausgezeichnet sowie 2019 erneut in der Kategorie »Kultur«.

Malin Lindroth

UNGEBUNDEN

Das Leben als alte Jungfer

Mit einem Vorwort von Teresa Bücker

Aus dem Schwedischen von Regine Elsässer

PIPER

Mehr über unsere Autoren und Bücher:

www.piper.de

Der Verlag dankt dem Swedish Arts Council für die Förderung dieser Übersetzung.

Der Auszug aus dem Gedicht im Kapitel »Eines Tages werde ich in den Hafen einlaufen« ist folgendem Band entnommen: Marianne Brentzel, *Anna O. – Bertha Pappenheim: Biographie,* Wallstein Verlag, 2002. S. 153, bereits vergriffen.

MIX
Papier aus verantwortungsvollen Quellen
FSC
www.fsc.org
FSC® C083411

Deutsche Erstausgabe
ISBN 978-3-492-31701-6
Oktober 2020
© Malin Lindroth 2018
Titel der schwedischen Originalausgabe:
»Nuckan«, Nordstedts, Stockholm 2018.
© der deutschsprachigen Ausgabe:
Piper Verlag GmbH, München 2020
In Zusammenarbeit mit Nordstedts Agency.
Umschlaggestaltung: FAVORITBUERO, München
Satz: Satz für Satz. Wangen im Allgäu
Gesetzt aus der Adobe Garamond Pro
Druck und Bindung: CPI books GmbH, Leck
Printed in the EU

Inhalt

Vorwort zur deutschen Ausgabe

Die Geschichte von Jessie Gallan, die bis ins hohe Alter von 109 Jahren als eine der ältesten Frauen in Schottland gelebt hat, wird auch nach ihrem Tod 2015 in sozialen Netzwerken immer wieder geteilt: Das Geheimnis ihres langen Lebens sei gewesen, sich von Männern fernzuhalten, erzählte sie in einem Zeitungsinterview. Das Leben als alte Jungfer: ein Jungbrunnen! Wenn Menschen von ihren Lebensmodellen erzählen und damit Zuhörer*innen finden wollen, dann müssen es Geschichten von bewussten Entscheidungen sein oder zumindest solche, in denen die Umstände, die ihr Leben prägten, schließlich einen Sinn ergaben. Die erfolgreich machten oder glücklich. Wer sich von Männern fernhält, wird beinahe unsterblich, so die Weisheit dieser schottischen Dame. Welche heterosexuelle Frau könnte über diesen Tipp nicht lachen und darin nach einem Funken Wahrheit suchen? Aber ist das die Wahrheit für alle Frauen?

Die Single-Bücher, die Frauen heute für andere Frauen schreiben, erzählen vom Glück ohne Partner, von Unabhängigkeit als größtem Wert. Sie stehen in der Tradition des »Choice Feminism«, ein Pseudofeminismus, der alle Entscheidungen, die Frauen selbstbestimmt fällen, als feministisch labelt: sich die Brüste vergrößern zu lassen, Hausfrau zu sein, Verteidigungsministerin zu werden oder eben keine Beziehung zu führen. Die Geschichten rund um selbstbewusste Entscheidungen wollen Zweifel ausräumen und die Gewissheit vermitteln, das Richtige getan zu haben. Malin Lindroth erzählt jedoch in ihrem Essay *Ungebunden* eine andere Geschichte, und von dieser kann der liberale Feminismus lernen.

Das Problem am Choice-Feminismus ist: Er übersieht, dass zum einen nicht jede Entscheidung feministisch ist, nur weil sie von einer Frau getroffen wird. Frauen können mit ihren Entscheidungen die Diskriminierung anderer verstärken, während lediglich sie selbst oder eine kleine Gruppe davon etwas haben. Frauen werden nicht solidarisch geboren. Außerdem sind unsere Entscheidungen viel weniger frei, als die meisten glauben. Die Entscheidungen, die Menschen treffen, ergeben sich aus ihren Lebensumständen. Die Dinge, über die wir überhaupt entscheiden können, sind limitiert – durch konkrete Optionen und den eigenen Vorstellungshorizont. Oft entscheidet das Leben für uns, ohne dass wir es merken.

Haben wir einen freien Willen? Schönheitsoperationen eignen sich als Beispiel, um darüber nachzudenken, wie frei wir tatsächlich sind. Oberflächlich betrachtet bieten kosmetische Operationen eine neue Freiheit, um sich von etwas Belastendem zu lösen und über den eigenen Körper zu entscheiden. Das feministische »My body, my choice«, der Slogan des Kampfes um das Recht auf Schwangerschaftsabbruch, wird hier übertragen auf die Gestaltung des eigenen

Aussehens. Schönheitsoperationen werden schon lange umgedeutet zu etwas, das nichts mit den Erwartungen anderer zu tun haben soll. Man tue das allein für sich selbst, heißt es dann. Doch wie selbstbestimmt ist es, sich ohne Not unters Messer zu legen? Gäbe es ästhetische Chirurgie in einer Welt, in der ein attraktives Äußeres keinen Einfluss auf die soziale Position hätte? In einer Welt, die ohne rigide Schönheitsnormen auskäme? Die vermeintlich freie Entscheidung für eine andere Nase ergibt sich also erst aus dem gesellschaftlichen Kontext, der vermittelt hat, dass solch ein Körper erstrebenswert ist, weil er Vorteile verspricht. Diejenigen, die dem Schönheitsideal nicht entsprechen, denken schließlich, sie seien ein Fehler der Natur. In einer Welt, in der Schönheit hingegen freier definiert wäre, müssten Menschen sich nicht entscheiden, ob und wie sie ihren Körper verändern wollten. Sie müssten nicht einmal Zeit darauf verschwenden, darüber nachzudenken. Es ist nicht feministisch und selbstbestimmt, ein von außen gesetztes Ideal zu akzeptieren.

Ein Ideal, das Feminist*innen ebenso hinterfragen sollten, ist das Singleleben als persönliches »Empowerment«. Denn solange Singles ihr Lebensmodell als *empowered* beschreiben müssen, müssen sie sich auch dafür rechtfertigen, von einem anderen Leben abgewichen zu sein. Man kann nach wie vor nicht einfach alleine leben, ohne eine gute Erklärung dafür zu haben. Die fehlende Partnerschaft wird nur dann von der Gesellschaft übersehen, wenn an ihre Stelle etwas anderes Großes getreten ist, für das sich die Person stattdessen entschieden hat. Sie darf keine seltsame alte Dame mit Katzen sein. Andere müssen zu ihr aufschauen wollen. Die feste Beziehung oder Familie als Indiz für ein gelungenes Leben verlieren zwar an Bedeutung, doch um ein gelungenes Leben als alleinstehender Mensch vorzuweisen, muss dieses maximal selbstbestimmt sein. Alleinstehende müssen »Überzeugte« sein, unverwundbar, die Sehnsucht nach etwas anderem abgelegt haben. Sie müssen selbstbewusste, charismatische, unabhängige Singles sein. Entscheidungsstark. Ihr Stereotyp liest sich wie eine Jobanzeige voller leerer Buzzwords. Mit der Realität von Alleinlebenden hat das wenig zu tun.

Moderne Wahlfreiheit heißt also: Du musst dich entscheiden. Dinge geschehen zu lassen ist out. Doch unsere Wahlmöglichkeiten sind nicht nur durch das kulturelle Phänomen beschränkt, dass man nur innerhalb eines sozial vorgeformten Spektrums entscheiden kann. Die Möglichkeiten, überhaupt zu entscheiden, sind auch noch ungleich verteilt. Manchen Menschen stehen mehr Möglichkeiten offen als anderen. Hätten wir uns nicht alle ausgesucht, in einem wohlhabenden Land geboren worden zu sein, von liebevollen, gut aussehenden Eltern, wenn wir nur gekonnt hätten? Würde sich jemand aussuchen, zu einer diskriminierten Gruppe zu gehören, damit das Leben anstrengender wird? Wie viele Menschen wünschen sich wirklich, bis ins hohe Alter allein zu leben und auf Liebe zu verzichten? Die Wahl zu haben ist selten Ergebnis harter Arbeit, sondern geht einher mit Privilegien, die Menschen von Geburt an haben, die ihnen zugefallen sind, und sehr viel Glück. Daher muss die feministische Reflexion über unterschiedliche Lebenskonzepte beinhalten, dass viele davon nicht Ergebnis einer selbstbestimmten Entscheidung sind und dass sie sich oftmals auch nicht völlig verändern lassen. Die Welt wird nicht gerechter und lebenswerter, wenn Menschen einander erzählen und am Ende glauben, man habe in jeder Lebensfrage die Wahl. Nicht alle Sehnsüchte, die Menschen haben, lassen sich als Recht erkämpfen. Ob jemand Liebe findet, ist keine Frage der Gerechtigkeit.

»Im neoliberalen Choice-Paradigma«, so schreibt die Philosophin Heather Widdows in ihrem Buch *Perfect Me*, sei »wenig Raum dafür da, bedauerliche Entscheidungen anzuerkennen, oder für Entscheidungen, die getroffen wurden, obwohl man sich eigentlich andere Wahlmöglichkeiten gewünscht hätte«. Malin Lindroth erzählt in *Ungebunden* davon, wie es ist, wenn das Leben immer wieder Entscheidungen trifft, die dem eigenen Wunsch widersprechen. Von Möglichkeiten, die nicht vorhanden waren und die keine noch so große Anstrengung zutage fördern konnte. Sie lebt unfreiwillig allein.

Dass Malin Lindroth ihre Geschichte der glücklosen Suche nach Nähe erst mit über fünfzig aufgeschrieben hat, muss als kritischer Hinweis an die Menschen gelesen werden, die sich als Teil einer aufgeklärten, offenen Gesellschaft verstehen. Denn das Bekenntnis dazu, alleine zu leben und dies zu bedauern, hat die letzten zehn Jahre wenig in den Diskurs gepasst. Schmerz muss eleganter sein. In einer Gesellschaft, in der in ohrenbetäubender Lautstärke erzählt wird, dass es an jeder Person selbst liege, das Beste aus ihrem Leben zu machen, dass, wenn sie sich nur genug anstrenge, alles gelingen könne, in solch einer Gesellschaft ist es kaum möglich, diese Dinge nicht selbst, wenigstens ein bisschen, zu glauben. Wer kann, optimiert sich – und behauptet, das tue sie oder er freiwillig. Für sich selbst. Die schlimmste aller Lügen der Selbstoptimierungsgesellschaft ist, dass, wenn es dem Herzen an etwas fehle, genügend Selbstliebe auch diesen Schmerz lindern könne. Es gehört Mut dazu, sich diesem Paradigma ausgerechnet beim Thema Partnerschaft entgegenzustellen und den kursierenden Rezepten für das Finden einer Liebe eine Absage zu erteilen. Denn wir richten viel von unserem Leben danach aus, geliebt zu werden. Aber das funktioniert nicht für alle, erinnert Malin Lindroth ihre Leser*innen.

Das Singleleben war und ist insbesondere für Frauen emanzipatorisch, doch in der Empowerment-Version bewirkt es das Gegenteil. Das öffentliche Bild des starken Singles macht nicht freier. Die Menschen jedoch, die sich mit dieser Version nicht identifizieren wollen, müssen sich auf die Suche danach machen, wer und was sie sind, wo sie ihren Platz haben, wo ihr Dasein als Alleinlebende Anerkennung erfahren wird. Wo sie facettenreich sein dürfen.

Malin Lindroth hat diesen Raum eröffnet mit der Rückeroberung eines Begriffs, der zunächst rein gar nicht feministisch ist. Denn die alte Jungfer definiert die Frau, die so genannt wird, als eine Person, der vermeintlich etwas fehlt: Sie war nie verheiratet. »Sie hat keinen abbekommen«, »Er hat keine abbekommen«, so spricht man über Frauen und durchaus, wie Lindroth schreibt, auch über Männer. Im Englischen existiert für diese Eigenschaft, die alten Jungfern fehlt, der Begriff *marriage material*. Wenn Sie einmal kurz innehalten und nachdenken, was Sie mit diesem Begriff assoziieren, wird vermutlich klar, dass sich hinter diesem Begriff tatsächlich eine kulturelle Vorstellung davon verbirgt, was eine Person zu einem Menschen macht, der für eine Ehe infrage kommt. Noch immer. Manche Menschen können wir uns in einem Hochzeitskleid vorstellen, andere bleiben immer daneben stehen: als Brautjungfer, schließlich als alte Jungfer. Welche Wertung steckt in dem Urteil, eine Person tauge zwar für eine Affäre, jedoch nicht für eine langfristige Beziehung? Was erzählt es über unser Menschenbild, dass diese Urteile tatsächlich oft und schnell getroffen werden? Und warum traf es Malin Lindroth so häufig, dass sie die Affäre war, die ihr Liebhaber zwar führte, die er aber lieber versteckte?

Lindroths Text adressiert die feministische Sensibilität: den Blick um uns herum, stets offen für die Realitäten anderer. Das Vorstellungsvermögen, dass andere Menschen eine ähnliche Erfahrung völlig anders erleben. Das Wissen, dass man das Leben und die Empfindungen anderer erst verstehen kann, wenn man ihnen zuhört. Wie viele unterschiedliche Geschichten von allein lebenden Menschen kennen wir wirklich? Kennen Sie eine alte Jungfer? Eine Person, die sich nach Liebe gesehnt hat, aber keine fand? Eine Person, die eine andere Entscheidung getroffen hätte, hätte sie nur gekonnt?

Man könnte den Begriff der alten Jungfer vorschnell ablehnen als etwas, das zu sehr Bezug auf ein sexistisches Weltbild nimmt und den Wert einer Frau in Abhängigkeit eines männlichen Urteils definiert. Dann wäre sie ein Opfer. Das

Label würde ein ähnliches Missverständnis auslösen wie das Hashtag *#metoo*, das von den Menschen, die darunter ihre Erfahrungen mit sexualisierter Gewalt teilten, keineswegs dazu genutzt wurde, fortan mitleidig getätschelt zu werden. Sie wollten Respekt. Für Malin Lindroth drückt ihre neue Selbstbezeichnung etwas Ähnliches aus: Es ist ein relevanter Aspekt ihrer Lebenserfahrungen, der hier zum Ausdruck kommt und den sie nicht mehr verstecken will. Auch *#metoo* steht dafür, eine relevante Erfahrung ans Licht zu bringen, um die Personen, die sie gemacht haben, besser verstehen zu können. Schließlich die Summe ihrer Erlebnisse zu sehen, nicht nur die leichten, glänzenden, über die man gemeinsam lacht. Setzt man sich also über die Opfer-Zuschreibung hinweg, die besonders Frauen so schnell trifft, lädt der Begriff der alten Jungfer dazu ein, genau hinsehen zu wollen und sich für eine weitere weibliche Lebenserfahrung zu interessieren. Wer alle Frauen als Menschen sieht, muss im Begriff der alten Jungfer kein trauriges Schicksal sehen, sondern eine relevante Erfahrung, über die gesprochen werden kann und die kein Tabu sein muss. Sowohl hinter *#metoo* als auch hinter dem Schreiben über die alte Jungfernschaft verbirgt sich das feministische Anliegen, Menschen in ihrer Komplexität sehen zu wollen: Wir dürfen verletzlich sein und gleichzeitig stark. Daher ist Malin Lindroths Text fordernd: Ihr geht es nicht darum, tröstend in den Arm genommen zu werden. Ihre Geschichte ist nicht tragisch.

Die gesellschaftliche Analyse, die Malin Lindroth gelingt, handelt daher auch nicht davon, wie allein lebende Menschen glücklicher werden könnten oder wie man ihnen dieses Schicksal ersparen könnte. Die Wiederentdeckung des Lebensmodells »Alte Jungfer« handelt von einem authentischen Sprechen mit sich selbst und anderen, und außerdem davon, wie Menschen sich selbst und andere subtil zum Schweigen bringen – oft gewaltfrei und absichtslos. Über die Suche nach einer Selbstbezeichnung ist es Malin Lindroth gelungen, ihren Erfahrungsschatz für sich und andere sichtbar zu machen. Er ist wertvoll, ganz für sich. Ihre Geschichte steht damit nicht stellvertretend für andere allein lebende Frauen – sie haben eigene, interessante Geschichten –, sondern ist vielmehr eine Aufforderung dazu, mit weit geöffnetem Blick durchs Leben zu gehen und nicht zu vergessen, wie wenig wir wissen. Denn wir können das eigene Leben nicht verstehen, wenn wir zu sehr auf andere schauen. Wir übersehen die Leben anderer, wenn wir glauben, wir hätten die Welt schon verstanden. Wenn Sie nun Malin Lindroth lesen, werden Sie nicht nur die Autorin besser verstehen.

Teresa Bücker, Juni 2020

Vorwort der Autorin

Irgendwo habe ich gelesen, dass es für das menschliche Gefühl der Scham keinen eindeutig erkennbaren Gesichtsausdruck gibt. Den wütenden Menschen erkennt man, ganz gleich wo in der westlichen Welt er sich aufhält, dasselbe gilt für den glücklichen Menschen. Aber woran erkennt man jemanden, der sich schämt? Außer vielleicht einem abgewandten Blick und roten Flecken am Hals, die man auch anders deuten kann, gibt es nicht viel Entlarvendes. Vielleicht kann man auch deshalb die Scham so schwer in Worten ausdrücken. Sie ist heimlich, man verschweigt sie. Es braucht drastische Maßnahmen, um sie zu fassen zu bekommen. Ein Reclaiming.

Heutzutage ist es weitgehend sozial akzeptiert, wenn man sich selbst als Lesbe, Schwuler, Tunte, Oma oder Bitch bezeichnet. Aber einige schambesetzte Wörter gibt es noch. Mit diesem Buch möchte ich eines wieder in Gebrauch nehmen, das bestens zu einer zweiundfünfzigjährigen kinderlosen, unfreiwillig allein lebenden Frau passt, die sich in dem Narrativ des Alleinlebens, das unsere Kultur zu bieten hat, nicht wiedererkennt. Ich möchte den Begriff *alte Jungfer* zurückerobern.

Vor fünfzig, sechzig Jahren war die alte Jungfer eine Schreck-gestalt, mit der man jungen Frauen Angst einjagte. »Pass bloß auf, sonst endest du noch als alte Jungfer!« Ich träume heute von einer alten Jungfer, die aus dem sprichwörtlichen Schrank der Scham heraustritt, ihre Position mit Stolz be-kleidet und sich zu ihrer eigenen Geschichte bekennt.

Das Buch handelt vor allem von meinem Weg zur Alt-jungfernschaft. Aber es tauchen auch alte Jungfern aus der Vergangenheit auf. Wenn ich mich mit ihnen in eine Reihe stelle, dann mit großer Dankbarkeit, weil sie ein Leben mit dem Alleinsein und dem sozialen Stigma ausgehalten haben, in das viele gezwungen waren.

Sie haben die Scham ertragen und sich ihr im Rahmen ih-rer damaligen Möglichkeiten gestellt, und das ist die Voraus-setzung für die Schamlosigkeit der alten Jungfern von heute. Ohne ein Leben wie ihres wäre ein Leben wie meines nicht möglich.

Ich schaue um mich und denke, jetzt ist die Zeit der al-ten Jungfer gekommen. Wir sind heute an dem Punkt, wo Schluss sein muss mit Scherzen über die Unfickbare und wo man ihr wahres Wesen erkennen muss – und das liegt nicht in ihrem Stigma, sondern in ihrer Stimme. Diese Stimme zu erobern ist für mich das Gleiche, wie die Altjungfernschaft zu erobern.

Malin Lindroth

Du nicht

Als mir zum ersten Mal eine Zukunft als alte Jungfer vor-
hergesagt wurde, war ich sechzehn und Austauschschülerin
in den USA. Wir schrieben das Jahr 1981. In der Kleinstadt
an der Grenze zwischen Arizona und Kalifornien hatte noch
nie jemand so eine Frisur gesehen, wie man sie zu Hause im
Salon Alt Wien schnitt, und auch keine Jeans der Marke Mac
Free. Außerdem war mir offenbar der Umgang mit Damen-
rasierern partout nicht beizubringen, und das reichte, um
mich als fremde Art abzustempeln.

Als eine Freundin meiner Gastfamilie zu Besuch kam,
fühlte sie sich bemüßigt, mir eine Nachhilfestunde über das
Leben junger Mädchen in Amerika zu geben.

Wir saßen auf einem geblümten Sofa, und alles war
schrecklich amerikanisch, von den Polyesterhosen der Frau
bis zur Limonade in unseren Tupperware-Bechern. Sie hielt
mir einen Vortrag, ich hörte nur mit halbem Ohr zu. Erst
als sie erklärte, wie ein Date mit einem amerikanischen Jungen funktionierte, wurde ich hellhörig. Händchenhalten im
Kino klang super. Harmloses Rumknutschen ebenfalls. So
super, dass ich nicht bemerkte, wie mein selbst ernannter
Dating-Coach mich musterte und die ganze Zeit säuerlich
lächelte. Oder vielmehr sah ich es, wollte es aber nicht wahr-

haben. Als die Frau plötzlich innehielt, lachte und die Spur wechselte, traf es mich völlig unvorbereitet. Wie eine verbale Salve in den Hinterkopf.

»But don't you worry, honey! Nobody will ever want to date you!«

Zerbrich dir darüber nicht den Kopf, Schätzchen. Dich will eh niemand haben.

Die Worte bohrten sich in mich hinein und setzten sich an einer Stelle fest, wo ich sie heute noch spüre. Wie bei einer Kugel, die zu tief in das Gehirn des Verletzten eingedrungen ist. Es ist zu gefährlich, sie herauszuoperieren. Ich hätte in Tränen ausbrechen, aus dem Zimmer laufen sollen, aber der Angriff lähmte mich vollständig. Ich konnte die Worte nur in mich aufnehmen, und sie verschmolzen mit den Ansichten, die ich sowieso schon über mich hatte.

Natürlich! Das hatte ich doch schon immer gewusst. Ich war zu komisch, um jemals einen Jungen abzubekommen, immer schon gewesen. Für mich gab es keine Rettung. Nichts hatte sich geändert, nur weil ich in die USA gereist war.

Anfangs schien noch alles möglich zu sein. Auf jeden Fall ebenso möglich wie für alle anderen. Für jeden Topf gab es einen Deckel. Das war allgemein bekannt, und niemand hatte je etwas anderes behauptet. Die Frage war nur, wie und wo sie zueinanderfanden.

Der Erste, dem ich verfiel, hieß Ulf. Er trug einen braunen Rollkragenpulli und hatte die dicksten Haare von allen in meiner Spielgruppe. Manchmal, wenn mein Blick auf seine Mütze aus Haaren fiel, wurde ich von einer heftigen

Lust ergriffen, die Hände darin zu vergraben, Zöpfchen zu binden und mit Schleifen und Klämmerchen zu schmücken, ihn so kräftig zu bürsten, bis er schrie. Aber die Liebe zu Ulf fand hauptsächlich in Gedanken statt. Ich hatte irgendwo gehört, dass man, wenn man richtig verliebt ist, die ganze Zeit an die auserwählte Person denkt. Man muss die Liebe ständig »im Kopf« haben. Oder noch besser, ganz tief im Gehirn, so tief in seinen Windungen, dass sie nie wieder herauskann. Ich glaubte, die Liebe finde statt, solange ich an Ulf dächte. Sobald ich nicht mehr an ihn dächte, und sei es nur ein paar Sekunden, werde die Liebe sofort aufhören.

Manchmal kam ich dieser Grenze gefährlich nahe. Wenn ich in die Kiste mit den kleinen Autos abtauchte oder wenn ich mich in die Kuschelecke zurückzog und in einem Nest aus Cordkissen vergrub, dann war ich glücklich im Spiel versunken, und Ulf entwischte aus meinen Gedanken. Kaum fiel mir das auf, bekam ich Angst – war die Liebe schon vorbei? – und musste doppelt so intensiv an ihn denken. In diesem Jahr dachte ich so viel an Ulf, dass mein Kopf sich ganz wund anfühlte, wie kaputt geträumt.

In der Grundschule lief es mit der Liebe anders. Fragezettelchen zu verteilen oder gar tatsächlich mit jemandem zu »gehen« war mir zu komplex. Ich neigte stattdessen zu Hitlisten. »Die zehn besten Jungs« war viel besser als »die zehn besten Eissorten«. Das Auswahlverfahren berauschte mich, machte mich grausam. Ich studierte die Klassenfotos mit dem Blick eines Maharadschas, auf der Jagd nach meinem Harem. *Du nicht, du nicht, du nicht, du nicht.* Damals wusste ich es noch nicht, aber das waren kurze Momente von

Freiheit in einem Leben, in dem die Wahl nicht bei mir lag, sondern bei den Jungen.

Wann traf mich diese Erkenntnis? Vermutlich schlich sie sich im Laufe meiner Schulzeit ein. Da entstand eine Trennungslinie zwischen den Echten Mädchen und den Unechten Mädchen. Schon in der dritten, vierten Klasse werden die ersten Grenzlinien gezogen, und ich ahne bereits da, nein, ich weiß es, dass ich auf der falschen Seite stehe. Ich habe eine Zahnspange und widerspenstiges Haar, wie ein Meerschweinchen mit Wirbeln. Außerdem bin ich in den meisten Fächern schlecht, in denen Mädchen angeblich gut sind.

Am schlimmsten sind die Bastelstunden. Bei der Vorstellung von Osterküken bin ich noch freudig erregt und kann mir alles Mögliche ausdenken. Das Küken könnte einen Hut tragen. Oder Shorts mit Hosenträgern, wie die singende Trapp-Familie. Wenn ich dann mit einem unförmigen Ball aus Federn, Klebstoff und Styroporkugeln in den Händen dasitze, bin ich total frustriert. Es gibt eigenartige Kinder, die von den Erwachsenen gemocht werden, rebellische Kinder, deren Selbstständigkeit und Stärke immerzu als Ideal hochgehalten werden. Aber ich bin keine Pippi. Die Erwartungen, die in den Siebzigerjahren an ein Mädchen gestellt werden, kann ich nicht erfüllen. In den Pausen meide ich Gummitwist und Seilspringen. Am liebsten sitze ich auf einem Felsen im Wald, zusammen mit einer besten Freundin, und schaue den Begräbnissen auf dem Friedhof zu, oder ich arbeite an der gefälschten Felszeichnung, mit der wir die Ar-

chäologen der Zukunft verwirren wollen (»Was? Ein Stein-
zeitschiff von 1973!«, werden sie ausrufen. »Wie ist das nur
möglich?«). Bei der Wahl der Kerzenmädchen für den Lucia-
Umzug bringe ich nicht die nötigen Voraussetzungen mit,
das weiß ich. Mit neun Jahren mache ich etwas Unerhörtes:
Ich schreibe meinen eigenen Namen auf den Stimmzettel.

Der Impuls ist stark und unüberwindlich. Die Hand mit
dem Stift schreibt wie von allein. Als wüsste sie bereits, wie
meine Zukunft aussieht, und wollte so lange wie möglich
aufschieben, was vor mir liegt. Ich versuche, meine Hand-
schrift zu verstellen, so krakelig und hässlich wie die eines
Jungen. Vielleicht denken die anderen dann, ich hätte einen
heimlichen Verehrer. Jemanden, der in mir etwas sieht, was
die anderen nicht sehen. Als ich meinen Zettel zusammen-
falte und zu den anderen aufs Katheder lege, rauscht es in
meinem Kopf vor Panik, aber ganz tief in der Panik sitzt auch
eine zitternde Erwartung. Vielleicht reicht diese eine Stimme
ja, um mir später einen Platz auf dem Beifahrersitz eines Mo-
peds der Jungen zu verschaffen.

Ich sehe es immer noch vor mir. Die Mädchennamen an
der Tafel. Meiner ganz unten, mit nur einem Strich. Mein
gestohlener Platz im Kreis der Begehrenswerten. Vielleicht
begann da mein Leben als alte Jungfer.

Im antiken Griechenland gab es die Vorstellung, dass die
ersten Menschen mit zwei Gesichtern, vier Beinen und vier
Armen geboren wurden. Laut Platon war es der Gott Zeus,
der die Menschen in einem Wutanfall auseinanderhieb und
sie zu einer lebenslangen Jagd nach der verlorenen anderen

Hälfte verurteilte. Ein paar Tausend Jahre später, als ich in der Oberstufe bin, sind solche Ideen immer noch im Schwange. Die Lehrer sprechen aufgeregt und undeutlich von dem neuen, erwachsenen Leben, das vor uns liegt. Als könnten sie es gar nicht erwarten, dieses großartige Leben mit uns zu teilen. Wann würde es bei mir anfangen? Ich strenge mich wirklich an, diese Gefühle in mir zu spüren, von denen sie die ganze Zeit reden, aber ich mache mir nur Sorgen, ich könnte etwas Falsches fühlen.

Als der Biologielehrer uns zwingt, Kondome und Verhütungsschaum genau anzuschauen und weiterzureichen, stelle ich mich so ungeschickt an, dass er ärgerlich wird. Ich soll die Tube mit dem Schaum festhalten, brüllt Lehrer Anders. Richtig fest halten! Nicht zittern, als hielte ich eine Flasche mit Gift in der Hand. Verhütungsschaum ist was ganz Normales, meint er. Genau wie Chlamydien! Petting! Vorzeitiger Samenerguss! Alles ganz normal!

Drei Jahre lang warte ich intensiv, dass die Normalität auch mich erreicht. Aber nichts passiert. Die Trennungslinie zwischen mir und den Normalen wird zu einem Abgrund. Ich bin pickelig, schüchtern, sozial unbeholfen und rutsche in der Hierarchie immer weiter nach unten. Undenkbar, dass ich mich für die Jungen in der Schule auch nur interessiere. Mit meinem niedrigen Platz in der Hackordnung besitze ich nicht das Recht, mich den Jungen zu nähern, nicht einmal in Gedanken. Deshalb lebe ich in einer Fantasie, dass der große Jemand anderswoher kommt. In meinen besten Fantasien heißt der immer Bosse und kommt aus einer größeren Stadt, meist aus Göteborg. Er ist vielleicht Tänzer und hat bereits im Alter von sechzehn gute Chancen auf eine Bühnenkarriere in Moskau – oder Bosse ist einfach nur nett und trägt einen Dufflecoat. Wenn er kommt, verwandle ich mich in diejenige, die ich eigentlich bin.

Werden wir hinters Licht geführt? Denke ich an die Jahre in der Grundschule zurück, fühlt es sich wirklich so an. Die Erwachsenen sagten damals kein Wort über die Möglichkeiten von Liebe, die es jenseits der Heteronorm gibt, und das war ja schon schlimm genug. Doch obendrein wurde Zweisamkeit als Naturgesetz dargestellt, ungefähr wie die Schwerkraft. Es klang wie ein Versprechen. Nicht so sehr von den Erwachsenen, sondern vom Leben als solchem. Das Versprechen lautete: Es gibt für jeden einen passenden Partner. *Alle bewegen sich in einer großen Choreografie aufeinander zu. Noch kannst du es nicht sehen. Aber irgendwo in der Welt gibt es den Mann, der von seinem Platz aufgestanden ist und sich auf dich zubewegt, genau wie du dich auf ihn. Wenn du eines Tages vor ihm stehst, wirst du ihn erkennen.*

Es war durchaus möglich, von unglücklicher Liebe zu sprechen, solange am Ende alles gut ausging. Wer will schon übers Alleinsein sprechen? Die romantische Liebe fand am Ende ihre Erfüllung, darauf bestanden alle. Es gab also einen Zustand, der so schrecklich war, dass man ihn nicht einmal mit Worten berühren durfte.

Die Angst davor, dort zu landen, legte sich lange wie ein Strick um meine Gedanken. Was ich auch dachte oder sagte, war von dieser Angst gezeichnet. Als ich nach der neunten Klasse mit einer neuen Frisur in die USA fuhr, war ich fest davon überzeugt, dass sich etwas verändern würde. Jetzt war ich dran. Jetzt würde er kommen. Aber ich traf nur eine unglaublich gemeine Frau, die aus Gründen, die ich nie verstehen werde, ihren ganzen Zynismus über ein armes sechzehnjähriges Mädchen in einem fremden Land meinte ausschütten zu müssen.

But don't you worry, honey! Nobody will want to date you!

In den Dramaturgie-Kursen, die ich später besuche, lerne ich, dass diese Begegnung zu meinem Vorteil hätte ausgehen sollen. Die Dienstmagd – ich! – hätte die große Liebe finden müssen, und die böse Stiefmutter hätte in glühenden Pantoffeln auf meiner Hochzeit getanzt. Doch das Leben ist kein Märchen, auch kein Film von Paramount Pictures. Ich gebe es ja nur ungern zu. Hinsichtlich meines Beziehungslebens hat meine amerikanische Hexe mehr recht behalten, als mir lieb ist.

Ganze vier Jahre lang, in den Achtzigern, lebe ich tatsächlich ziemlich zweisam, so wie es sich für eine junge, heterosexuelle Frau gehört. Ich habe einen Freund und einen Verlobungsring. Einen Schwiegervater und eine Schwiegermutter. Einen Schrank voller Küchengeräte. Alles Zeichen dafür, dass ich zum Kreis der Begehrenswerten gehöre. Als ich mir mit dreiundzwanzig den Verlobungsring abstreife und bei meinem damaligen Freund ausziehe, gehe ich fest davon aus, eine neue Liebe zu finden und noch einmal von vorn anzufangen. Aber das Naturgesetz gerät ins Stocken. Ich werde nie mehr jemandes Freundin, und das seit inzwischen fast dreißig Jahren.

Dabei mangelt es in meinem Leben nicht an Männern. Im Gegenteil, die Menschen, die mir nahestanden, waren fast immer Männer. Tausende von Stunden habe ich mit Kaffeetrinken und Reden verbracht. Ich habe große Nähe und Übereinstimmung erlebt, unbedachten Sex mit ärgerlichen Konsequenzen gehabt, beim Kauf von Hemden und Anzügen beraten. Aber nie in der Rolle der Lebensgefährtin, immer als beste Freundin. Und das Ergebnis? Seit 1989 habe ich mich fünfzehnmal verliebt. Alle Männer haben Nein gesagt. Ich habe nie Nein gesagt. Diese Gelegenheit bot sich nie.

Manchmal denke ich: Wie wäre es wohl, wenn ich Besuch von mir selbst in einem anderen Alter bekommen würde? Wenn zum Beispiel mein sechsjähriges Ich in meinem Arbeitszimmer in Göteborg auftauchen würde. Wie fände sie das Leben, das wir zusammen führten? Die erste Reaktion des Mädchens wäre sicherlich Erleichterung. Schon allein die Situation, jeden Tag am Schreibtisch zu sitzen und von morgens bis abends an Texten zu feilen, müsste ihr traumhaft vorkommen; sie könnte Ort und Zeit vergessen, wenn sie mit ihren Fantasiegestalten zusammen wäre. Aber ich kenne sie. Wenn ich ihr das Zimmer gezeigt und alle Vorteile einer Existenz als freischaffende Autorin erklärt hätte, wäre sie dennoch nicht überzeugt. »Und wo ist dein Mann?«, würde sie fragen. »Am Ende ist er doch noch gekommen, mit allem Drum und Dran, richtig? Das Silberherzchen mit Gravur! Die Fotos in der Brieftasche! Die Kinder! Der Ehering! Her mit den Sachen! Beweise auf den Tisch!«

In dem Moment müsste ich ihr, die ja ich war, dringend

empfehlen, sich zu setzen. Und dann meine Worte sehr sorgfältig wählen, im Bewusstsein, dass ich nun einen Traum zer-
störte, ohne den es sich nicht so leicht weiterlebte.

Wenn ich sage, nein, da kam keiner. Wie nimmt sie das
auf? Ich mache mir tatsächlich Sorgen um das Mädchen.
Womöglich bekommt sie einen Panikanfall, sobald sie die
Wahrheit erfährt, und fängt zu schreien an, immer lauter,
so wie sie schrie, als sie vier war und das Gefühl hatte, sich
aufzulösen, nur noch ein einziger Schrei zu sein, mit dem
Namen eines Mädchens. Vielleicht vergeht ihr die Lust zu
leben, bevor das Leben noch richtig angefangen hat.

Ich fühle mich schlecht bei diesem Bild. Wenn ich das
schreiende Kind sehe, ganz aufgelöst in Tränen und Rotz,
möchte ich ihm nur sagen, dass alles gut wird. »Wir fangen
noch mal ganz neu an«, möchte ich sagen. »Vergiss, was sie
dir erzählt haben. Die Liebe war nie da, wo sie angeblich sein
sollte.«

Position: Alte Jungfer

Ich brauchte einen Namen. Eine Koordinate. Längen- und Breitengrad auf der sozialen Karte. Single? Allein lebend? Verrückte Katzenfrau? Wer war ich?

Auf der Suche nach einem passenden Namen habe ich alle Möglichkeiten durchprobiert.

Am frustrierendsten war es in den Neunzigerjahren, als die Singlefrau in der Populärkultur Einzug hielt, und zwar in Gestalt der wunderbaren Bridget Jones. Als Karikatur kannte man die ältere unverheiratete Frau, sie war verklemmt und eingeschränkt. In Helen Fieldings *Schokolade zum Frühstück* kletterte das Stereotyp der Singlefrau auf eine andere Ebene.

Ein Leben als sexuell unerfahrenes Fräulein in beigefarbener Strickjacke war einfach nicht Bridgets Stil. Stattdessen treffen wir hier auf eine Singlefrau, die von ihrer Maßlosigkeit getrieben wird, ständig auf der Jagd nach Drinks, Eis, Nikotin und vor allem Männern. Die Singlefrau der Neunziger saß in eine Daunendecke gewickelt und mit einer Literpackung Eis auf dem Schoß auf dem Sofa und wartete auf einen Telefonanruf, der nie kam.

Worüber wir lachten, als wir über Bridget Jones lachten, war nicht ganz klar. Ich wünschte mir, unser Lachen wäre warm und empathisch gewesen, vielleicht sogar befreit von

der Scham, die die Generationen unserer Mütter und Groß-
mütter mit allein lebenden Frauen verbanden. Aber mögli-
cherweise war es einfach hämisches Gelächter über eine Frau,
die es nicht gebacken bekam.

Auf den Straßen Göteborgs aßen wir vielleicht nicht so
viel Eis, der Hunger war jedoch der gleiche wie in Bridgets
Welt. Wenn ich im Thai Shanghai in Haga das vierte Bier
bestellte und das Knie des verheirateten Mannes an meinem
spürte, dann war ich Bridget – ohne deren Humor. Eine
Königin des Mangels, ständig auf der Jagd nach dem Traummann, Sex und einer Hochzeit.

Im 21. Jahrhundert änderte sich das Bild des Singles. Als »Le-
benscoach« eine Karrieremöglichkeit wurde und die Buch-
handlungen von Selbsthilfebüchern überschwemmt wurden, war es plötzlich gestattet, über die Vorteile des selbst
gewählten Alleinlebens zu sprechen. Allein leben war okay,
solange man nicht mit eisverschmiertem Mund allein war.
Jetzt wurde das Alleinsein Teil eines Narrativs über Erfolg und
Reichtum. Abtritt nach rechts: Bridget Jones. Auftritt von
links: Carrie Bradshaw mit ihrer coolen Entourage von Sin-
glefreundinnen in Designerklamotten aus *Sex and the City*.

Ich selbst versuchte, es schlicht zu halten. »Ich lebe allein.« Das war meine Standardantwort auf die Frage nach
meinem Familienstand, aber im gesellschaftlichen Leben
kam das selten gut an. Bei einem Abendessen mit nicht so
engen Freunden lautete die prompte Antwort meistens: Aber
ich sei doch wohl nicht einsam? Ich hatte im Gegenteil das,
wonach sich alle Paare und gestressten Eltern von kleinen

Kindern am meisten sehnten: das gute Alleinsein, die Zeit, mich weiterzuentwickeln, für spannende Reisen und Kultur, ja den Luxus der Zeit für mich selbst! Unfreiwillig allein waren immer nur die anderen, die psychisch Kranken, die Drogenabhängigen oder die richtig Alten, die monatelang tot in ihrer Wohnung lagen, ohne dass die Nachbarn es merkten. Aber doch nicht jemand unter uns, bei delikatem Essen und Weißwein, mitten im Leben und in der City.

Die Sprache machte große Kreise um die Einsamkeit, in der wir alle geboren werden und sterben und dazwischen unser Bestes tun, um sie zu vergessen. Wenn man über das Alleinleben sprechen wollte, gab es, soweit ich mich erinnere, nur eine Möglichkeit: Man musste es aussehen lassen wie eine »Nahzweisamkeitserfahrung«. Aus Mangel an einer Liebesbeziehung konnte man die »Beziehung zu sich selbst« pflegen. Als wäre man tatsächlich ein Paar. Obwohl man allein war. Man war nicht mehr »Single«, sondern »lebte mit sich« – ganz im Einklang mit dem Zeitgeist.

Niemand hat bisher darüber nachgedacht, ob es ein spezielles Wort braucht, um die traurigen Paare von den fröhlichen zu unterscheiden, aber das Alleinleben stellt andere Forderungen.

Als die Journalistin Kicki Biärsjö den Singlejahren ein für alle Mal Ade sagte und das Selbsthilfebuch *Från singel till självbo* (auf Deutsch etwa *Vom Singledasein zum Alleinleben*) veröffentlichte, wurde ganz offensichtlich, wie wichtig es war, sich auf den richtigen Hocker zu setzen. War ich ein Liebesdesperado, lebte ich Hand in Hand mit meinen brutalen, hässlichen Sehnsüchten? Oder eine ausgeglichene Alleinlebende, die mit sich selbst ausging, Blumensträuße »von mir für mich« kaufte und sich in ihrer eigenen Gesellschaft wohlfühlte? Ich selbst meisterte das harmonische Leben mit mir allein genauso wenig, wie ich in den Neunzigern Männer in einer Kneipe aufreißen konnte. Die Bezeichnung, die ich suchte, musste einen Schritt weiter gehen. Ich wollte nicht im Morast der Scham versinken, aber das Alleinsein als selbst gewählter Lebensstil war auch nichts für mich. Die Umstände, mein Hintergrund, Neigung und ein gewisses Maß an Zufällen scheinen mich an den Punkt gebracht zu haben, dass ich es einfach nicht auf die Kette bekam. Die Männer, die mein Leben kreuzten, sprachen viel von Liebe. Oft saßen sie mir direkt gegenüber und sehnten sich intensiv nach der einen, die kommen würde, nach den Kindern, die sie kriegen würden. Aber in einem waren alle sich einig: Die Frau, die sie suchten, war auf keinen Fall ich. Hätte ich in einer anderen Zeit gelebt, hätte man mich als »schlechtes Frauenmaterial« bezeichnet. Hätte man mich richtig erniedrigen wollen, hätte man gerufen: »Alte Jungfer!«

Was steckt eigentlich hinter diesem Ausdruck? In meiner Sprache gibt es ein Loch. Es dauert sechsundzwanzig Jahre, bis ich das bemerke. Erst als ich auf die fünfzig zugehe, erkenne ich, wer diesen Mangel beheben kann: die alte Jungfer.

Heute ist der Begriff aus dem aktiven Wortgebrauch nahezu verschwunden, aber die meisten Menschen über dreißig haben ein Verhältnis zu dem Ausdruck. Fast alle lachen, wenn ich ihn verwende. Viele reagieren emotional. Ganz liebe, sehr reflektierte Menschen in meinem Bekanntenkreis bekommen etwas Steifes im Blick und brechen in Kaskaden von sexistischen Witzen aus.

Ein Bekannter ventiliert die Frage beim Bettgeflüster mit einer Geliebten und kehrt mit ihrem harten Urteil zurück. Eine alte Jungfer, lässt die Geliebte ausrichten, ist eine mit »dicker Brille, gestärktem Unterrock und so einer frigiden Frisur. Dutt … Dauerwellen …« Andere machen sich Sorgen um mein Selbstbild. Ist es wirklich schon so schlimm, dass ich mich selbst als dermaßen widerwärtig ansehe? Nur eine Person sagt, sie liebe alte Jungfern und fühle sich genau wie sie – »stark, selbstständig, queer« –, macht aber sofort einen Rückzieher, als ich etwas genauer erkläre, wie ich die Rolle der alten Jungfer sehe. Wenn die alte Jungfer eine ist, die keiner will, dann möchte sie nicht dazugehören. Vielleicht ist sie eher so etwas wie eine Hexe?

Aber die alte Jungfer, die ich vor mir sehe, ist nicht die Hexengestalt am Rand des Dorfes. Ich sehe sie eher ganz unten in der patriarchalen Hackordnung. Der Abschaum des Patriarchats. Die angeblich Unfickbare.

In der schwedischen Nationalenzyklopädie aus den Vierzigerjahren wird *nucka*, die *alte Jungfer*, mit einer Erläuterung bedacht, die von ungezügelter Verachtung geradezu überschäumt. Sie ist nicht nur »gefühlskalt, frigide, unangenehm, manchmal direkt abstoßend«, sondern hat zudem »bigotte, verknöcherte Ansichten« und »steht der Jugend verständnislos gegenüber«.

Als ich vor ein paar Jahren versucht habe, mich als alte Jungfer zu sehen, dann nicht, weil ich mich in Selbstverachtung wälzen wollte. Im Gegenteil, ich hatte das Gefühl, diese verfemte Frau besaß den Schlüssel zu einem Stillschweigen, das ich schon viel zu lange hatte öffnen wollen.

Das Gefühl, mit einer halben Lüge zu leben, hatte mich schon seit vielen Jahren verfolgt. Ich wollte über mein Alleinleben genauso reden können, wie Paare über ihr Leben sprechen, als erlebte Erfahrung. Aber ich fand kaum Gesprächspartner, die dem zustimmten. »Heute entscheiden sich doch viele ...« Nur ganz wenige antworteten nicht mit dieser Aussage, wenn sie den Ausdruck *alte Jungfer* hörten.

Verstehen Sie mich nicht falsch. Ich bin die Erste, die zustimmend applaudiert, wenn sich jemand mit einer Norm konfrontiert sieht, auf dem Absatz kehrtmacht und seines Weges geht. Ohne die Frauen, die ihre Kunst, ihr Denken, ihren Aktivismus und ihr Vergnügen den Ehepflichten vergangener Zeiten vorgezogen haben, würde ich nicht das Leben führen können, das ich heute führe. Die Frage ist nur – ist das meine Peergroup? Nein. Je länger mein Alleinleben andauert, desto dünner wird das Band zu den starken Frauen, die in die Geschichte eingegangen sind.

In dieser Situation kam die alte Jungfer als geniale Chance zu mir. Sie war niemandes Ein und Alles, niemandes Mutter, Geliebte und schon gar nicht Frau. Sie war lange Zeit als Schatten einer Frau umhergewandert, in einem Patriarchat, das enormen Nutzen aus ihrem Schweigen zog. Jetzt ist sie meine Freundin, eine Position, ein Alter Ego.

❧

Wer ist die moderne alte Jungfer? Die einfachste Antwort: Sie ist unfreiwillig partnerlos. In Schweden gibt es sehr viele Einzelhaushalte – jeder dritte Schwede lebt heute allein, und in der ganzen westlichen Welt haben noch nie so viele Menschen allein gelebt. Und doch ist es immer noch ungewöhnlich, dass Menschen das ganze Leben allein verbringen. Ich stelle mir also vor, dass der Jungfernhaushalt eine Minorität in der wachsenden Gruppe der Alleinlebenden darstellt.

Eine Witwe oder ein Witwer kann keine alte Jungfer sein, nicht in meinem Buch, und auch kein Single um die zwanzig, die oder der sich noch nicht im Alleinleben eingerichtet hat. Auch eine Auszeit zwischen zwei Ehen würde ich nicht als Altjungfernleben bezeichnen. Solange du noch Anekdoten über einen blöden Ex, denkwürdige Familienferien oder eine reizende ehemalige Schwiegermutter erzählen kannst, befindest du dich immer noch auf der zweisamen Seite des Normzauns. Es erfordert schon eine gediegene Erfahrung im Alleinleben, so lange, dass man die Bezüge zum zweisamen Leben verloren oder nie gehabt hat.

Manche machen es wie meine Altjungfernfreundin, verlieben sich in verheiratete Männer und warten dann ein wenig zu lange auf sie – plötzlich sind vierzig Jahre vergangen. Andere wagen es nicht, sich vor ihrer streng religiösen Familie als lesbisch zu outen. Und ganz viele sind, genau wie ich, in Rollen stecken geblieben, die sich nicht mit der Rolle als Freundin oder Ehefrau vereinen lassen.

Über die Frage, ob Männer alte Jungfern sein können, habe ich lange nachgedacht. Einige meiner Freunde halten das zwar für möglich, aber es gibt einen Haken dabei.

Genau wie *Hure, Schlampe* oder *Hausdrachen* ist *alte Jungfer* ein Schimpfwort, das traditionell Frauen vorbehalten ist. Die Sprache kennt keine männliche Entsprechung. Nicht einmal dem Typ Peter Pan des platten Landes – den sogenannten *Altjungs* aus Norrland, die bis zur Pensionierung im Elternhaus wohnen bleiben – gelingt es, Geschlecht, Schande und Familienstand so gründlich in einem Ausdruck zusammenzubacken wie dem der alten Jungfer. Der Sprachgebrauch ist entlarvend. Schaut man sich die massenmedialen Beschreibungen von allein lebenden Frauen und Männern an, tut sich ein Abgrund auf.

Es ist ganz normal, männliche Gewalttäter als soziale Einzelgänger zu beschreiben (und das befreit uns flugs von der unbequemen Wahrheit, dass die meisten Morde an Frauen in engen Beziehungen geschehen). Der alleinstehende Mann lebt »einsam und isoliert in einer Welt, die er als konspirativ wahrnimmt«, er sitzt »allein in seiner spartanischen Zweizimmerwohnung«. Wenn Frauen als allein beschrieben werden, dann oft in diametral entgegengesetzter Bedeutung. Eine allein lebende Frau wird leicht zum Opfer, sie »lebt zurückgezogen«, nicht »isoliert«, und sie zieht »ihre Hunde und einige Katzen« Computerspielen vor. Ein allein lebender Mann wird als Cowboy beschrieben, als großer Künstler, als fröhlicher Junggeselle – alles kulturell oder physisch potente Rollen –, aber vor allem ist er die sexuelle Bedrohung, vor der man Kinder und Frauen warnen muss; der

Pädophile, der Vergewaltiger, der Exhibitionist. Nur eins kann er nicht sein: der Sexlose. Dieser Ruf ist solchen wie mir vorbehalten.

Nebeneinandergestellt ergeben sie ein ungleiches Paar; der Kinderschänder und die frigide alte Jungfer mit Katzenhaaren auf dem Mantel. Schaut man sich dagegen an, wie sich das Alleinsein anfühlt, dann gibt es natürlich Übereinstimmungen.

Alle, die allein leben, haben die gleichen praktischen Probleme. Die Wohnkosten sind höher. Man rackert sich stärker ab mit der Herumfahrerei und Schlepperei irgendwelcher Dinge, beim Bauen, beim Bezahlen, bei der Bewältigung von Katastrophen und dem Zusammenschrauben von Ikea-Möbeln. Sieht man vom Praktischen ab, dann besteht das Altjungferndasein vor allem darin, mit einem ständigen Gefühl der Zurückweisung umzugehen. Und ich weiß, dass ich dieses Gefühl mit vielen Männern teile.

Das Wort »nein« ist mir sehr vertraut. Ich kenne es in allen Formen und Varianten. Ich habe es so viele Male gehört, in so vielen Stimmlagen und Zusammenhängen, dass es ein Teil von mir geworden ist. Wenn ich an all die Männer denke, die diese Erfahrung mit mir teilen, mit ihr leben und von ihr geformt wurden, dann kann es durchaus auch männliche alte Jungfern geben.

Ist es dennoch an der Zeit, den Kreis der alten Jungfern zu öffnen, eher die Erfahrung des Alleinlebens zu sehen als das historische Stigma? Tja, wenn die alte Jungfer wiederauferstehen und im Heute Platz nehmen soll, möchte ich nicht kleinlich sein gegenüber denen, die wissen, was ein Leben mit den Nachwirkungen von sehr vielen Neins kostet – und wie es einen bereichert. Vielleicht ist es wirklich an der Zeit, dass die männliche alte Jungfer die Bühne betritt?

Ich möchte den Ausdruck *alte Jungfer* zurückerobern. Ihn reclaimen, wie man heute sagt. Ich möchte in ihren Schuhen gehen, ihre Stellung einnehmen, und das ist keineswegs ein destruktives Vorhaben. Im Gegenteil. Es ist ein Befreiungs-projekt. Dass diese Erfahrung tot sei, das ist dummes Zeug, wenn man mich fragt. Die Erzählung von der alten Jungfer ist tot, das Epitheton ist tot. Aber die Erfahrung ist leben-dig, wie eine unausgesprochene Spannung in meinem Leben und dem vieler anderer. Ich bin überzeugt davon, dass in dem Moment, wo wir dieser Erfahrung Leben einhauchen, sie in Besitz nehmen und ihr Platz einräumen, sich etwas ver-ändern wird, nicht nur für die alten Jungfern, sondern auch für das große Narrativ von Liebe, Macht und Beziehungen, das als Norm gilt.

Die Jungfer im Schrank

Der Notruf erreicht mich via Facebook, über eine feministische Gruppe, zu der ich gehöre. Eine Frau hat sich kürzlich scheiden lassen. In einem langen nächtlichen Beitrag erzählt sie von ihrer größten Angst und bittet um Rat und Trost: »Und wenn ich den Rest meines Lebens allein bleibe, was dann?! Bitte, all ihr Frauen, die ihr den Richtigen gefunden habt, muntert mich auf.«

Ganz schnell füllt sich die Kommentarspalte mit Herzen, Umarmungen und Geschichten von der großen Liebe, die immer genau dann auftaucht, wenn man »aufhört, ihr nachzujagen, und beginnt, an sich selbst zu denken«.

Die Lektüre löst gemischte Gefühle bei mir aus. Erst werde ich wütend, wie immer, wenn meine Lebensrealität dargestellt wird als das Schlimmste, was einem passieren kann. Wo ist meine Triggerwarnung, die Warnung vor heiklen Inhalten, auf die diese Gruppe sonst so großen Wert legt? Als ich mich beruhigt und mir bewusst gemacht habe, dass Altjungfernphobie ein unbekanntes Phänomen ist, auf das keine Gruppenmoderatorin der Welt ein Auge hat, bekomme ich Lust, mich in die Diskussion einzuschalten. Offensichtlich lebe ich genau das, was der schlimmste Albtraum dieser Frau ist. Wie sollte ich, eine alte Jungfer, sie trösten können?

»Hör zu«, möchte ich schreiben, »du hast vor den falschen Dingen Angst. Hab keine Angst vor dem Alleinleben. Das ist gar nicht so schlimm, wie du befürchtest. Glaub mir. Du solltest dich nicht davor fürchten, allein zu leben, sondern davor, heimlich zu leben. Das Schlimmste ist, ein heimlicher Mensch zu sein.«

ജ

Ich erinnere mich genau an das erste Mal, als mir mein heimliches Leben bewusst wurde. Es war zu Beginn der 2000er-Jahre, kurz vor Weihnachten in einem Spielzeuggeschäft. Damals sprachen meine Nichten und Neffen so sachkundig über Lego wie Weinkenner über Weine, und ich verwandte Tage, ja Wochen darauf, die perfekten Weihnachtsgeschenke zu finden. Die Lego-Regale bogen sich unter Fahrzeugen und Transformers. Aber in diesem Jahr hatte ich mich vorbereitet und schlaugemacht. Die richtigen Kartons waren schnell gefunden. Als eine Frau um die vierzig mit einem schwer zu entziffernden Wunschzettel um Hilfe bat, konnte ich ihr ohne Weiteres helfen.

Wir standen da eine Weile mit unseren Kartons, die Frau und ich, und wechselten ein paar Worte. Ich sagte etwas über Lego. Sie sagte etwas über Kinder. Ich sagte etwas über Weihnachtsgeschenke. Sie sagte etwas über Kinder und Weihnachtsgeschenke und bemerkte nebenbei, wie schwierig es sei, ein Geschenk für einen Partner zu finden, mit dem man schon ein halbes Leben zusammenlebe. Ihre Stimme kam ein bisschen zu nahe, was öfter passiert, wenn die Sprecherin davon ausgeht, dass die Zuhörerin vom selben Planeten stammt, die gleichen Bezugspunkte kennt. Ich schwitzte unter meinem Kunstpelzkragen. Glaubte sie, dass ...? Ja, ganz offensichtlich nahm sie mich für eine Zweisamkeitsgenossin.

Was ich von einem Grillbesteck hielt, wollte die Frau wissen. War das zu macho? Oder war es ein lustiges Geschenk für einen Partner, mit genau dem richtigen Humor? *Weiß ich doch nicht,* wollte ich schreien. Aber es war zu spät. Nachdem die Frau auf den Familienpfad abgebogen war, entwickelte sie sich zu einer unaufhaltsamen Naturgewalt. Ich konnte nur noch mitfahren, willenlos wie trockenes Laub in der Stromschnelle.

Ich weiß nicht, wie lange ich da mit dem Lego-Karton im Arm stand und Zustimmung zu Kindern und Grillbesteck brummte. Als ich mich endlich losgerissen hatte, war mir zum Kotzen, und ich war wütend. Dass die Frau mich für eine Familienfrau gehalten hatte, erstaunte mich nicht weiter. Manche sehen immer nur ihr eigenes Spiegelbild, egal auf wen sie treffen. Aber warum hatte ich mitgeplappert? Woher kam der Impuls, mich zu verstellen?

Eine Erinnerung tauchte auf. Ich dachte an meinen ehemaligen besten Freund, den Schrankschwulen, der einen großen Teil seines allzu kurzen Lebens damit verbrachte, seine wahre Natur zu verbergen. Ich erinnerte mich an die Namen von Mädchen, mit denen er im Bekanntenkreis um sich warf. Eine angebliche Freundin, die niemand je zu Gesicht bekam. War ich ihm ähnlich geworden? Nicht nur alte Jungfer, sondern auch Schrankjungfer? Ja, wenn mein bester

Freund, der Schrankschwule, mich von irgendwo betrachtet hätte, in meiner Not vor dem Lego-Regal, dann hätte er sein schönstes Lächeln aufgesetzt und den Kopf geschüttelt.

Nein, so wollten wir nicht werden.

Ich bin eine allein lebende, kinderlose Frau mittleren Alters. Meine Erfahrungen im Zusammenleben liegen so lange zurück, dass sie eigentlich nicht mehr zählen. Und dennoch. Irgendwie habe ich gelernt, mich so zu benehmen, als würden Mann und Kinder immer in der Kulisse warten. Wie ich die Lego-Schachtel halte, meine Sprache, meine Referenzpunkte. Alles geliehen von einer anderen Art Leben.

Der Impuls ist primitiv und scheint in einem Teil des Gehirns verortet zu sein, zu dem die Vernunft keinen Zugang hat. Der Reflex setzt so schnell und so unwillkürlich ein, wie das Bein hochfährt, wenn man mit einem kleinen Hämmerchen unterhalb des Knies zuschlägt. Warum weiß ich so viel über das Leben zu zweit? Warum habe ich jede Menge Tipps parat, wie man Kinder an einem verregneten Sommertag beschäftigen kann? Wenn ich mit Freundinnen in einem Café sitze und lang und breit über das Familienleben plaudere, dann ist das nie eine Frage der Anpassung, sondern des Überlebens. So haben sich die Außenseiter schon seit Urzeiten davor geschützt, von der Herde zerrissen zu werden. In Australien gibt es einen Vogel, der die Geräusche seiner Umgebung nachahmt. Manchmal denke ich, ich ähnele ihm. Ich kann zwar keine Baustelle so gut imitieren wie der niedliche Leierschwanz. Aber glaubt mir – wenn ich unversehens in die Rolle der Freundin, Mutter oder Ehefrau schlüpfe, merkt eigentlich niemand den Unterschied. Es gab eine Zeit, da fand ich dieses Verhalten merkwürdig und machte Scherze darüber, wie ich die Welt der Zweisamkeit unterwandere. Heute lache ich nicht mehr. Und irgendwie vermisse ich die Wahnvorstellung, mit meinem Schweigen würde ich den Preis fürs Überleben bezahlen.

Mein Leben lang habe ich mit zwei gegensätzlichen Impulsen gekämpft. Da ist einerseits meine große Lust, mich mitzuteilen. Und andererseits das Bedürfnis zu schweigen. Das Leben als alte Jungfer hat es mir allzu leicht gemacht, Letzterem nachzugeben.

❧

Wann verstummen wir? In meinen Fantasien über die alten Jungfern früherer Zeiten haben sie von Anfang an geschwiegen. Gekrümmt, blass, schwarz gekleidet, ausgestoßen, aber vor allem stumm. So sehe ich sie vor mir. Die Ahninnen. Die Bilder sind natürlich eine Mischung aus Mythen und Vorurteilen. Die Scham ist das Erbe der alten Jungfern. Aber wenn ich den Wurzeln der Scham hinab durch die Geschichte folge, stellt sich heraus, dass sie keineswegs schnurgerade wachsen. Das ist eine Weile her, aber es hat Zeiten gegeben, die mehr als andere wie geschaffen für die alten Jungfern waren.

Im 19. Jahrhundert galt es nicht als selbstverständlich, als Paar zu leben. Dieses Ideal bestand zwar, aber es gab zu wenige Männer, und die heterosexuelle Gleichung ging deshalb nicht auf. Im Schweden der Missernten und des Hungers

43

stellte Amerika eine Zuflucht dar, nicht nur für Familien, sondern auch für viele Junggesellen. Unter denen, die sich nicht auf den Weg machen konnten, gab es eine große Gruppe, die sich zu Tode soff. Eine dritte Gruppe Männer brauchte so lange, um das Geld für die Mitgift zusammenzukratzen, dass die Frauen schon kurz nach der Hochzeit wieder Witwe waren. Aus Mangel an heiratswilligen Männern waren die unverheirateten Frauen keine Sonderlinge. Die alten Jungfern gab es überall. Töchter aus den höheren Gesellschaftsschichten. Kaputtgearbeitete Mägde und Frauen aus der Arbeiterklasse. Viele mieteten sich ein Zimmer bei einer Witwe, wo sie willkommene Hilfe bei der Versorgung der unehelichen Kinder bekamen, deren Schar natürlich wuchs, je mehr unverheiratete Frauen es gab.

Hätte ich auf dem Land gelebt, wäre ich eine von dreien gewesen. In den Städten blieb sogar jede zweite Frau unverheiratet. Ganz sicher war für viele dieser Frauen das Leben die Hölle, sie starben im Armenhaus oder wurden in die städtischen Bordelle getrieben, von den Männern als eine Art Sexualersatz missbraucht, denn die Unschuld der Frauen aus der Mittel- und Oberschicht musste bis zur Hochzeitsnacht intakt bleiben. Und doch hatten diese alten Jungfern etwas, worum ich sie beneide. Sie lebten nicht im Verborgenen! Im Gegenteil, sie waren sichtbar und störten so sehr, dass sie als gesellschaftliches Problem angesehen wurden.

Das Problem war ein schlicht ökonomisches. So viele Unmündige zu versorgen wurde einfach zu teuer und zu aufwendig für die Gesellschaft. Was tun mit all den alten

Fräuleins und Töchtern, die kein Recht besaßen, Geld und Eigentum zu verwalten? Eine Witwe konnte vielleicht die Geschäfte ihres toten Mannes übernehmen, aber für eine arme ältliche Jungfer gab es keineswegs immer eine Arbeit.

Als die Gesetze schließlich zugunsten der unverheirateten Frau verändert wurden, geschah das wohl kaum aus Sorge um die alten Jungfern, es wirkte sich aber dennoch positiv für sie aus.

Tatsächlich besaßen die alten Jungfern über einen kurzen Zeitraum mehr Rechte als die verheirateten Frauen.

Bis zum Jahr 1863 waren in Schweden alle Frauen unmündig. Aber für die alten Jungfern gab es ein Schlupfloch – das sich mit der Zeit zu einer Freiheit auswuchs. Schon um 1730 konnten unverheiratete Frauen um königlichen Dispens von der Verpflichtung eines Vormunds ansuchen. Der Schriftstellerin Frederika Bremer und ihrer Schwester Agathe beispielsweise gelang es, die Behörden davon zu überzeugen, dass ihr verschwenderischer Bruder nicht die Verantwortung für ihr Leben übernehmen konnte. Kurze Zeit später wurde diese Ausnahme zur Regel. Jetzt waren alle Frauen mündig, solange sie nicht verheiratet waren. Bis diese Freiheit in den 1920er-Jahren auch die verheirateten Frauen erreichte, waren die Jungfern also schon eine ganze Weile mündig.

Im 20. Jahrhundert erlitten die alten Jungfern einen Rückschlag. Kinderlose und unverheiratete Frauen wie die amerikanische Aktivistin Suzanne B. Anthony hatten während der ersten Welle des Feminismus den Grundstein für die Frauenrechtsbewegung gelegt. Aber andere gesellschaftliche Entwicklungen beschmutzten den Ruf der Jungfer und trieben sie in den Schrank der Scham.

Ein wichtiger Faktor war die Industrialisierung. Als die Umzugswagen vom Land in die Stadt fuhren, veränderten sich die Lebensbedingungen und damit auch die Beziehungsmuster. Das kollektive Dasein in der Landwirtschaft, bei dem mehrere Generationen zusammen mit den Angestellten des Hofs unter einem Dach lebten und arbeiteten, verschwand. Für den städtischen Fabrikangestellten zählten lediglich die Ehe, die Kleinfamilie und eine neu erwachte Achtung für die Mutter. Sie stand nicht nur für Geborgenheit in einer sich schnell ändernden Zeit, sie sollte auch die Nation in die Zukunft führen – ein Superstar in der nationalen Gemeinschaft.

Als sich der Gedanke vom *Volksheim* verfestigte, war die Begeisterung für die Familie nicht mehr zu bremsen. Da wurden die alten Jungfern nicht nur ihres Rufs, sondern auch ihrer Rechte beraubt. Als Unverheiratete konnte man sich nicht um eine Wohnung bewerben. Eine Familie hatte oft »besondere Bedürfnisse«. Aber Alleinstehende waren per Definition bedürfnislos. Für alte Jungfern, die sich nicht in eine Berufung retteten und den Rest ihres Lebens in einer Nonnenzelle, einem Schwestern- oder Lehrerinnenheim verbringen wollten, blieb nur ein Zimmer in Untermiete – und für Junggesellen gab es Ledigenheime. Erst in den Sechzigerjahren konnten im Rahmen des staatlichen Bauprogramms *miljonprogrammet* auch Alleinstehende zu denselben Bedingungen wie alle anderen in die Vororte ziehen.

Es ist schmerzhaft zu lesen, wie achtlos man in den Fünfziger- und Sechzigerjahren, als der Wohlfahrtsstaat errichtet wurde, mit den alten Jungfern verfuhr. Ich denke da an Tante Tora, die Cousine meiner Großmutter. Sie war unverheiratet und kinderlos und die Schneiderin der ganzen Familie. Sobald ein Kleid für eine Braut oder eine Brautjungfer genäht werden musste, kam Tante Tora mit dem Nähkasten angereist. Kilometer von Taft und Tüll glitten durch Tante Toras Hände. Sie selbst wurde jedoch nie auf eine einzige Hochzeit eingeladen.

Ich sehe Tante Tora vor mir, wie sie umgeben von einer Wolke aus Brauttüll an der Nähmaschine sitzt, und werde wütend angesichts solcher verdammten Zustände. Wo ist das Grab von Tante Tora? Ich möchte hinfahren und es mit einem Meer von Licht erleuchten. Aber niemand weiß, wo ihr Grab liegt. Niemand weiß, wann und wie sie gestorben ist. Die einzige Hinterlassenschaft von Tante Tora ist die vage Erinnerung an eine Frau, die mit dem Nähkasten kam und die so selbstverständlich im Dienst der Familie stand, wie sie von ihren Festen ausgeschlossen war.

Wäre ich nur ein Vierteljahrhundert früher geboren worden, hätte mich leicht das gleiche Schicksal ereilen können.

In einem anderen Teil der Welt und mit anderen Voraussetzungen hätte meine Stellung als Jungfer anders aussehen können. Als Frau aus der Mittelschicht im Wien des ausgehenden 19. Jahrhunderts hätte ich vielleicht zu den Frauen gehört, die den berühmten Doktor Freud aufsuchten oder zu ihm geschickt wurden. Hätte vielleicht auf der Couch seiner

Praxis in der Berggasse 19 gelegen und gemischte Gefühle gehabt angesichts seiner Methoden.

Freuds Anerkennung der weiblichen Sexualität, in einer Zeit, als die meisten Menschen deren Existenz bezweifelten, stellte einen absolut bahnbrechenden Schritt dar. Gleichzeitig kam jedoch seine Überzeugung, einzig die Ehe dürfe zu Intimität führen, für die alten Jungfern einem Albtraum gleich. »Erzählen Sie mir von Ihren Träumen!«, würde der Doktor vielleicht sagen. »Was haben Sie aus dem Feuer gerettet?« Wenn er dann von Geschlechtsorganen im Schmuckkästchen gesprochen hätte, hätte ich steif und schweigend dagelegen. Hätte gespürt, wie die Scham sich mit fadendünnen Wurzeln festsetzte.

Als alte Jungfer lebe ich im 21. Jahrhundert im Gegenstrom der Scham des 19. Jahrhunderts. Aber die Scham hat viele Schattierungen. Was meine Ahnmütter erhitzte und belastete, ist vermutlich nicht die gleiche Art von Scham, die eine alte Jungfer von heute quält. Für die alten Jungfern des 20. Jahrhunderts war das Alleinleben zuallererst ein gesellschaftliches Problem und eine Scharte im sozialen Leben. Für Freud waren die alten Jungfern auf seiner Couch ein Zeichen für Neurosen, Krankheit oder vielleicht mangelnde Moral. Ich muss heute mein Altjungferndasein als persönliches Versagen tragen. Auf jeden Fall möchte unsere Kultur mir das einreden.

☙

Ich versuche zu lernen, wie eine alte Jungfer zu sprechen. Das ist schwierig. Nicht zuletzt deshalb, weil das Schweigen von zwei Fronten angegriffen werden muss. Am schwersten fällt mir natürlich, das Schweigen zu brechen, das ich mir selbst auferlegt habe. Aber das Schweigen, das von außen kommt, gestaltet sich auch nicht einfach. Wir leben in einer Zeit, einer Kultur und mit einem Markt, wo Liebe uns ausschließlich in Form von Romantik als Paar begegnet. Mit der Doku-Soap *Big Brother* glaubte man alle Grenzen der amoralischen Fernsehunterhaltung zu sprengen. Ich selbst finde es viel vernünftiger, sich in ein Haus sperren zu lassen und da drin um hohe Geldsummen zu wetteifern, als um die Liebe eines Bauern zu kämpfen, sich probehalber zu verheiraten oder splitternackt in einem tropischen Paradies auf Dates zu gehen, wie in *Dating Naked*, einer amerikanischen Realityshow, die alle Rekorde in Bescheuertheit bricht.

Es ist symptomatisch, dass die Datingshows immer extremer werden. Wir wollen zu zweit sein. Sollten zu zweit sein. Müssen zu zweit sein. Dieser Gedanke wird in jeder Kaffeepause ventiliert, auf jedem Schlagerfestival besungen und Tag und Nacht in Werbung, Gesellschaftsspielen, Kunst, Politik und Populärkultur reproduziert.

Als kürzlich die unverheiratete Jungfer Hauptperson in einem Bestseller war – *Spinster* von der amerikanischen Schriftstellerin Kate Bolick –, schöpfte ich ungefähr zwei Minuten lang Hoffnung. War das vielleicht die alternative Erzählung, nach der ich so lange gesucht hatte? Leider wurde ich enttäuscht.

In Gesellschaft mit Bolicks Jungfer bekam ich das Gleiche

serviert wie immer: die aufbauende Geschichte einer Jung-
gesellin, die das Leben als Paar etwas länger als der Durch-
schnitt aufschiebt und die mit einer sechsstelligen Summe
Buchvorschuss auf dem Konto alle Freiheiten hat, sich zu
amüsieren. Und siehe da! Auf der letzten Seite wartet der
Traummann bei einem Dinner mit Kerzenschein und Hum-
mer.

Der Knackpunkt bei Kate Bolicks Buch liegt darin, dass
sie den Begriff *alte Jungfer* nicht reclaimt, sondern annek-
tiert.

Sie beschreibt im Buch den Begriff als synonym mit:
»Halte an deiner Eigenständigkeit und Unabhängigkeit fest,
ganz gleich, ob als Single oder zu zweit.« Eine merkwürdig
weit gespannte Definition, die jeglichen Kontakt mit denen
verloren hat, die ein Leben in unfreiwilligem Alleinsein leben, heute wie damals.

Ich schaue mir die Frau auf Bolicks Buchumschlag genauer
an. Da sitzt sie, allein auf einem Zweiersofa, mit einem meer-
grünen Cocktailkleid und zufriedenem Gesichtsausdruck.
Ist das die moderne alte Jungfer? Nein, wenn wir mit dem
Begriff *alte Jungfer* weiterkommen wollen, müssen wir diejenigen sehen und erkennen, die hinter ihr stehen: eine Armee
von sozial ausgestoßenen, einsamen, stigmatisierten Frauen,
eine lange Reihe durch die Geschichte. Warum ist es so
schwer, deren – und bis zu einem gewissen Grad auch meine –
Erfahrungen anzuerkennen? Das Problem ist, dass viele Leute
nicht wissen, wie man mit jemandem spricht, der keinen Re-
ferenzrahmen in Sachen Zweisamkeit besitzt. Sie lösen dieses

Problem, indem sie einen korrigieren oder für nicht vorhanden erklären.

Moderne und aufgeklärte Menschen, die selbst als Paar leben, vertreten nicht selten die These, eine Norm der Zweisamkeit gebe es gar nicht. »Wir leben doch nicht in den Fünfzigerjahren«, sagen viele und spielen mit ihrem Verlobungsring. »Als alte Jungfer zu leben kann doch kein modernes Problem sein?« Andere korrigieren einen auf subtilere Art. Mit einem Schaudern erinnere ich mich an die Mutter, die von meinen »Kleinen« sprach und immer wissen wollte, wie »die Kleinen« in der Schule zurechtkamen. Wovon sprach sie nur? Sie wusste doch, dass ich keine Kinder hatte? Allmählich verstand ich sie. Die Kleinen, von denen sie sprach, waren meine Nichten und Neffen.

Ich zweifle keine Sekunde an den guten Absichten dieser Frau. Sie war bestimmt der Meinung, sie erweise mir einen Gefallen, indem sie so tat, als glichen sich unsere Lebensentwürfe. Dass sie damit faktisch mein Leben negierte, ist ein ebenso unbewusster Angriff wie die Hobbypsychologie unachtsamer Bekannter.

Was ist so provokant an der alten Jungfer? Eine Erklärung ist vielleicht, dass diese Gestalt alle Ängste unserer Zeit auf sich vereint. Sie ist nicht nur allein, alt, kinderlos und ganz allgemein *diejenige, die nichts abbekommt*. Sie hat nicht mal Anstand genug, sich mit ihrer Lebensführung in das übliche Narrativ der Gegenwart einzupassen.

Wenn Altjungfernschaft eine angeborene Veranlagung

wäre, dann hätten die alten Jungfern ihren Platz auf den Barrikaden der Normkritiker. Hätte ich mich aus freien Stücken dafür entschieden, wie man sich zum Beispiel für Veganismus entscheidet, dann gäbe es Communities, T-Shirts, Forschung, Unterstützerforen, Stoffbeutel und Blogartikel, die in den sozialen Medien geteilt würden. Aber die Altjungfernschaft ist nicht das Ergebnis einer Wahl oder Veranlagung, sie ist auch keine Krankheit, die mich unverschuldet getroffen hat.

Worum geht es also? Um eine missliche Lage, würde ich behaupten wollen. Und mit so etwas haben wir heutzutage keine Geduld.

Wir leben in einer Zeit der Buchstäblichkeit, die zugleich eine Zeit der Eindeutigkeit ist. In solchen Zeiten gibt es kaum Platz für die Kollisionen zwischen Zufall und Entscheidung, Ressourcen und Mangel, die ich als missliche Lage bezeichnen möchte. Wir wollen die Helden und die Opfer. Daumen hoch, Herzchen oder wütendes Emoji. Vor allem wollen wir niemanden, der uns daran erinnert, dass das Leben mehr ist als die Summe von freien und bewussten Entscheidungen. Daher ist die alte Jungfer kein gern gesehener Gast in den Talkshows. Das geht sogar so weit, dass viele sie spontan für tot erklären wollen.

Es ist vielleicht an der Zeit, das Motiv des Glasbergs neu zu bewerten. Für viele ist er ein albtraumhafter Ort. Aber ich würde gerne etwas genauer über diese Position nachdenken.

In der schwedischen Alltagssprache ist der Glasberg zu einer Metapher geworden für übrig gebliebene Frauen, die zu einem Leben in der Isolation verdammt sind. Das ist eine doppelte Strafe. Einerseits sind sie von der Gesellschaft ausgeschlossen und andererseits in ihrem Elend auch noch exponiert. Schaut man sich frühe Versionen dieses Volksmärchens an, aus dem der Ausdruck stammt, ergibt sich interessanterweise ein ganz anderes Bild des Berges.

In *Die Prinzessin auf dem Glasberg* stellt der Berg keinen Ort der Schande dar, sondern eher einen Zufluchtsort für eine ungewöhnlich schlaue Prinzessin. Ein König hat einen Gemahl für die Tochter ausgesucht, aber der gefällt der Prinzessin nicht. Sie nimmt ihr Liebesleben selbst in die Hand, flieht auf einen Berg aus Glas und beschließt, passende Prinzen auf die Probe zu stellen. Nur derjenige, der es schafft, zu ihr hinaufzukommen und ihr den Apfel aus der Hand zu nehmen, ist für sie von Interesse.

Im Gegensatz zur Prinzessin habe ich mir mein Leben auf dem Glasberg nicht ausgesucht. Und doch gefällt sie mir gut, und ich möchte es ihr gleichtun. Ich möchte meinen Glasberg auch nicht als Endstation sehen, sondern als eine Position, die, wenn man sie richtig einsetzt, Macht und Überblick gewährt. Sieh einer an. Wir waren gar nicht auf dem Berg der Tränen. Wir waren auf einem Aussichtsplatz. An einem klaren Tag kann man das ganze Königreich überblicken.

Die dritte Frau

Warum bin ich eine alte Jungfer geworden? Wenn nette Menschen mich von jeglicher Peinlichkeit verschonen wollen, sprechen sie gerne von »Pech« oder »Zufall«. Habe ich einfach nur die falschen Männer kennengelernt? Habe ich zu viel Zeit mit aufgeblasenen Kulturfritzen verbracht? Niemand wäre froher als ich, wenn ich darauf mit Ja antworten und auch noch selbst daran glauben könnte.

Ich habe viele enge Beziehungen zu Männern gehabt. Die meisten dieser Beziehungen waren so katastrophal schlecht, dass ich sie mir besser erspart hätte. Es wäre allzu bequem, den Nornen des Schicksals die Schuld dafür zu geben. Nein, so einfach will ich es mir nicht machen. Ich weiß, dass ich selbst einen wesentlichen Anteil daran habe.

Lange dachte ich an diese Männer als Freunde, sogar als beste Freunde. Heute suche ich ein etwas kühleres Wort, das die verwirrende Mischung aus Nähe und Abstand, Kühle und Hitze, die diese Beziehungen kennzeichnet, besser zusammenfasst als *Freundschaft. Pakt* ist gar nicht schlecht. *Verhältnis* noch besser.

Ich erinnere mich an einen, bei dem ich ein paar Wochen gewohnt habe, im selben Sommer, als ich nach New York reiste. Dort freute ich mich jeden Morgen über eine Mail von ihm, dem Mann, von dem ich glaubte, er werde meine neue Liebe. Die Mails waren voller zärtlicher Worte und malten fantasievoll den Rest des Sommers aus – wenn ich nur wieder in Schweden war. Als ich vier Wochen später in diesen Traum einzog, fiel das Luftschloss ziemlich bald in sich zusammen.

Ich hatte selbstverständlich angenommen, dass ich als Geliebte eingeladen war. So hatte ich unsere Beziehung gedeutet. Warum auch nicht? Wir hatten mindestens zweimal Sex gehabt, und er hatte den Blick abgewendet, als er meinen gepackten Koffer auf der Treppe sah, hatte gesagt, ihn quäle der Gedanke an meine Abreise. Als ich zu ihm nach Hause fuhr, war mein Koffer voller Kleider, die zur Rolle der Geliebten passten. Aber die Tage vergingen, und nichts passierte.

Ich schlief im Gästezimmer in einem geliehenen T-Shirt. Tagsüber saß ich im Gartenhäuschen und versuchte, einen Roman zu schreiben, was gründlich misslang. Durch das Fenster konnte ich sehen, wie mein schwer zu bezirzender Gastgeber im Garten umherlief, mit einem schnurlosen Telefon und der Hand über dem Mund. Wenn unsere Blicke sich durch die Scheibe trafen, versteckte er sich hinter den Rosenbüschen und führte das Gespräch dort weiter. Ich begriff, dass er mit seiner Ex sprach. Einer Frau mit »Wunden in der Seele«, die »unglaublich begabt« war, aber mit der »man nicht leben konnte«.

Gegen Abend trafen wir uns in der Laube und sprachen über die Arbeit des Tages. Der Tisch war wie in einem französischen Film mit frischem Bauernbrot, beschlagener Weißweinkaraffe und Bouillabaisse gedeckt. Aber die Gespräche liefen nicht gut. Das wenige, was ich im Gartenhäuschen geschrieben hatte, passte nicht zum Menü. Ich schämte mich für meine Romangestalten. Sie waren arm, dick, gewalttätig und schuldbeladen, das harmonierte nicht mit der Fischsuppe. Es war einfacher, über sein Romanprojekt zu sprechen. Das Gespräch war intensiv, voller Subtexte. Wir sprachen unentwegt über Liebe, aber nur über die Liebe in der Welt der Fiktion. Das Buch, an dem er schrieb, handelte ganz offensichtlich von ihm und ein paar traurigen Frauen, denen er begegnet war, und das machte die Sache natürlich nicht weniger verwirrend. Worüber sprachen wir hier eigentlich? Was war meine Rolle in dem Ganzen? War ich auch eine Frau mit »Wunden in der Seele«? Sah er mich so?

An den vielen Abenden wuchs der Druck in mir. Ich wollte nicht sein wie die Frauen in seinem Buch. Nicht weinen. Nicht schwierig sein. Ich wollte keine Scherben schlucken und in der Notaufnahme landen, wo er mir erst ewige Liebe schwor, um dann für immer zu verschwinden. Und vor allem wollte ich nicht als ungebildete Frau erscheinen, die nicht wusste, wo die Grenze zwischen Wirklichkeit und Fiktion verlief.

Bei der ersten Panikattacke rannte ich ins Haus und warf mich aufs Gästebett. Mein Atem flatterte wie ein Schmetterlingsschwarm im Hals und in der Brust. Eigentümliche Laute wollten aus meinem Körper entweichen. Ich biss ins Kissen, um sie zu verscheuchen. Durch das Fenster sah ich ihn, der kein Geliebter war, kein Partner, kein Freund, kein Kollege, sondern etwas Fünftes, wie ein Ausrufezeichen saß er im Gartengrün. Der Strohhut wippte hinter der Fliederhecke. Seine Art zu trinken – wie gehetzt, in kleinen Schlucken – gab mir zu verstehen, dass er genug hatte von Frauen »mit Wunden in der Seele«. Er ertrug keine weiteren verrückten Frauen in seiner Laube. »Wie gut, dass du allein mit deinen Ängsten fertigwirst«, lobte er mich, als ich nach einer Stunde auf zittrigen Beinen zurückkehrte. »Viele schaffen das nicht.« Dann sprachen wir weiter über den unverbesserlichen Mann in seinem Roman. Es wurde dunkel, aber ich behielt die Sonnenbrille auf, damit ich unbemerkt weinen konnte. Ich wollte diesen komischen Part nicht spielen. Ich wollte nur seine Freundin sein. Doch die Rolle, auf die ich da in der Laube festgelegt war – und noch viele Jahre danach –, ließ das nicht zu. Ansonsten ähnelte sie allerdings zum Verwechseln der einer Geisha.

Die Erinnerung daran schmerzt. Ich sehe mich in der Laube sitzen und verfluche mein eigenes Verhalten. Oh, was mach ich da nur! Stelle so viele Fragen! Ich zahle einen so hohen Preis für fast gar nichts. Man muss sich schämen. Und dennoch, so ganz kann ich die Geisha nicht verurteilen. Ich glaube, sie meinte es nicht böse. Im Gegenteil, ich behaupte, die Geisha, die mit der gleichen Unerbittlichkeit aus meiner Psyche hervorstieg wie Mister Hyde aus Doktor Jekyll, spielte eine wichtige Rolle in meinem Leben.

Als Kind war ich krankhaft schüchtern. Ich steckte so sehr in meinem Kopf fest, dass es mir manchmal schwerfiel, ein alltägliches Gespräch zu führen. Ich hungerte danach, mich auszudrücken, aber die Sprache war nur selten auf meiner Seite. Die Worte kamen mir unbrauchbar vor, wie beschädigt, sie konnten den Abstand zwischen mir und anderen nicht überwinden. Als Geisha wurde alles viel leichter. Ich konnte in diese Rolle schlüpfen, sie wurde ganz anders akzeptiert als mein nervöses Teenager-Ich. Der Preis war hoch, doch ich war bereit, ihn zu bezahlen. Wenn nur mein Gefühl von Isolation gebrochen und eine Illusion von Liebe geschaffen wurde, ganz gleich wie sie aussah, das reichte mir.

Mein Sommer mit dem Mann in der Laube war nach einer Woche vorbei. Danach war ich noch vierzehnmal verliebt, es lief jeweils ungefähr nach dem gleichen Muster ab.

Ich traf die Männer im Kulturleben, bei Vorträgen, an Kaffeeautomaten, und es war jedes Mal ein Fest. Wir kamen ins Gespräch, traten in einen wunderbaren Strom von Worten und waren auf einmal unzertrennlich. Das Telefon klingelte ständig. Sie wollten immer reden. Sich immer wieder treffen und den Gesprächsfaden weiterspinnen, Reisen nach Berlin und Barcelona planen. Nachts kamen die SMS, voller Verzweiflung über den Zustand der Welt, die Kindheit, die Politik ... Ich erwachte beim kleinsten *Pling* und antwortete sofort. Ein Kaffee in der Stadt konnte bis zu achtzehn Stunden dauern (inklusive Abendessen, Übernachtung und Spaziergang). Ein Abschied schien unmöglich. Keiner wollte das letzte Wort sagen. Manuskripte verfolgten mich durch die ganze Welt. Ich verreiste, um zu schreiben, nach Sigtuna, Paris und Berlin. Aber peinlicherweise saß ich dann oft genug über dem Manuskript eines Mannes, das im Luftpolster-umschlag mit der Bitte um »etwas Feedback« aus Schweden kam. Nicht einmal, als ein selten gedankenloser Künstler mir einen Packen norwegischer Porno-Erzählungen seiner Ex mit der Bitte um Beurteilung überreichte, konnte ich Nein sagen. Ja, ich war allen Ernstes bereit, in einem Café zu sitzen und die Adjektive in den erotischen Fantasien einer fremden Norwegerin zu diskutieren. Schlimm.

Wie konnte ich mich nur so schrecklich irren? Warum lernte ich nichts daraus? Warum traf mich immer wieder der Schlag, wenn ich begriff, dass die Freundinnen, die sie suchten, auf Dating-Seiten oder den Abschlussfeiern der Kunsthoch-schule zu finden waren – aber dass ich nie auch nur infrage kam? Wenn sie mit glänzenden Augen antänzelten und er-klärten, jetzt, jetzt, jetzt hätten sie die Richtige gefunden, an deren Existenz sie nicht mehr geglaubt hätten, dann saß ich immer da wie ein Schaf und kapierte gar nichts. »Aha. Ach so … Ich dachte, du und ich, wir …? Nicht? Nein, nein. Ich verstehe.«

In meiner Erinnerung steht ein Chor, ein ganzer ver-dammter Männerchor, und singt fünfzehnstimmig dieselbe Totenmesse. »Wie hast du auch nur einen Moment lang glauben können …? Wie konntest du nur auf den Gedanken kommen? Du nicht. Du nicht. Du nicht.« Und dann kam der freie Fall in die Erniedrigung.

Abgewiesen zu werden ist ja gar nicht so schlimm, wenn man nur die Fähigkeit zum Gehen besitzt. Dummerweise hatte die Geisha – also ich – so unglaubliche Angst davor, zu verlieren, was sie besaß. Anstatt das einzig Vernünftige zu tun – dem Liebespaar viel Glück wünschen, heimgehen, versuchen zu schlafen –, schloss sie einen Beziehungspakt nach dem anderen zu wahnsinnigen Bedingungen. Ausufernde, verwirrende Pakte. Und dass viele der Männer, die von unserer »Arbeitsbeziehung« faselten, nicht immer wussten, wo die Grenze zwischen Sex und Korrekturlesen verlief, machte die Sache nicht besser.

Für die meisten dieser Männer war es wichtig, den Unterschied zwischen geliebter und ungeliebter Frau deutlich zu markieren. Mit der geliebten Frau teilte man das Bett. Wir anderen mussten direkt nach dem Sex das Bett verlassen und uns auf einem alten Küchensofa zusammenfalten, wo vor drei Jahrzehnten eine alte Mutter gestorben war. Oder man bekam das Zimmer eines abwesenden Kindes, wo man sich dann in ein achtzig Zentimeter breites Bett klemmte und mit der Spiderman-Bettwäsche kämpfte.

Wo war mein Kimono mit Drachen-Stickereien auf dem Rücken, der glänzend und dekadent auf dem Boden liegen sollte? Wo waren die kühlen Sommerwinde, die durch ein halb offenes Fenster mit Aussicht auf den französischen Badeort wehen sollten? In den Nächten mit den Männern, denen ich mit ebenso viel Sehnsucht wie Scham verbunden war, war ich so weit entfernt von einer geliebten Frau in einem Milan-Kundera-Roman, wie man nur kommen kann.

Ein Mann, dem ich einige Jahre lang nahestand, erfand sogar einen besonderen Kuss, einen Altjungfernkuss, könnte man sagen. Nur für mich. Es geschah im Gras am Mölndals-

fluss, an einem Sommerabend. Wir lagen auf der sonnen-
warmen Wiese, eingebettet in den Duft von Gras und das
Rauschen des Wassers. Als er sich auf die Seite rollte und
sein Mund näher kam, freute ich mich. Sieh an! Was für eine
Überraschung. Aber warum war sein Mund so steif und wie
ein O geformt, fast wie ein Puppenmund? Die festen Lippen landeten zuerst auf meiner Stirn, dann *bewegten* sie sich
über mein Gesicht. Ich verstand gar nichts. Was war das
denn für ein Kuss? Kein Küsschen, aber auch kein Zungen-
kuss. Mehr eine Art … ja, was soll ich sagen? Als würde er
einen Umschlag stempeln.

Als ich mit klassischer Kusstechnik zu antworten versuchte, wurde daraus beinahe ein Kampf zwischen unseren
Mündern, und er riss sich mit einem verletzten Blick von mir
los. »Hör auf. Unsere Beziehung ist nicht so.«

Im Nachhinein ist die Szene fast ein bisschen lustig. Tra-
gikomisch, muss man schon sagen. Aber damals war es überhaupt nicht lustig, nur erniedrigend und traurig.

Viele Freier achten sorgfältig darauf, die Küsse für die
Ehefrau aufzusparen und den Lippen einer Prostituierten
nicht nahe zu kommen. Dass für die alte Jungfer ein eigener
Kuss vorgesehen ist, frei von jeglicher Wärme und Leiden-
schaft, ist vielleicht nur folgerichtig. Sie, die weder die erste
noch die zweite Frau ist, kann nur mit einer dritten Sorte
Kuss beknutscht werden.

Das Muster ist in vielerlei Hinsicht rätselhaft. In meinem Versuch, es zu verstehen, bin ich hin- und hergerissen
zwischen Trauer und psychologischer Theorie. Ich weiß von
vielen wirklich unangenehmen Menschen – Diktatoren, Ge-

walttätern, Psychopathen und ganz alltäglichen Schweinen –, die mit Zärtlichkeiten und Bestätigung überschüttet werden, nur ich bin übrig geblieben. Warum? Emotional ist das schwer zu begreifen. Ein klein wenig kann ich es trotzdem nachvollziehen – intellektuell.

Eine Geisha verbreitet ein angenehmes Gefühl, weil man sie nicht sieht. Kein Kunde will wissen, *wer* die Geisha ist. Ich habe diese Dienstleistung angeboten, und die Männer, die sie angenommen haben, wollten es genau so. Die Bestätigung kommt sehr subtil. Bestimmt fühlt es sich sehr angenehm an, von einer Person begleitet zu werden, die stets jede Äußerung, jeden kleinsten Seufzer aufgreift und in Bestätigung oder ein Gespräch verwebt. Ich glaube, das hat eine Abhängigkeit erzeugt, die auf verheerende Weise ebenso stark war wie meine eigene Abhängigkeit davon, gelobt zu werden für die Abhängigkeit, die ich geschaffen habe. Die Beziehung ist zum Untergang verdammt, sobald die Geisha sich zeigt. Das liegt in der Natur des Geisha-Auftrags. Sobald sie sich hinsetzt, die weiße Schminke abwischt und über ihr Privatleben spricht, verlangt der Kunde sein Geld zurück. So ähnlich sah die Dynamik zwischen mir und vielen Männern aus.

Diese Erkenntnis, die ich vor allem dank einer Therapie gewonnen habe, war der entscheidende Schritt zur glücklichen alten Jungfer. Aber die Geschichte meiner Altjungfernschaft kann nicht nur von meiner Psyche handeln. Dahinter liegt ein kulturelles Muster, und das ist nicht unwesentlich.

Huren und Madonnen sind wohlbekannte Figuren. Doch

wo ordnet man die alte Jungfer ein? Mein Vorschlag wäre, dass auch sie ihren Platz im Freud'schen Komplex bekommt. Ich glaube, sie steht zwischen der ersten und zweiten Frau, ihre Schatten verschmelzen zum Archetypus der reinen Frauenverachtung. Nicht hurenhaft. Nicht keusch. Bloß unfickbar.

Viele Menschen denken beim Ausdruck *alte Jungfer* an Frauen, die in einer Art Reservat leben, abgetrennt vom Männergebiet. Aber eine alte Jungfer ist keine Dissidentin, die dem Patriarchat den Rücken kehrt. Oft bezahlt sie einen hohen Preis für den Versuch, im Rahmen eines Systems zu leben, das sie als wertlos erachtet. Als Partnerin, Ehefrau, Geliebte und Mutter hat sie sich als untauglich erwiesen. Bleibt nur noch: Freundin, Mäzenatin, Sekretärin und/oder Dienstmagd. Schauen wir uns die Geschichte der alten Jungfer an, finden wir wenig überraschend eine ganze Menge kinderloser, unverheirateter Frauen, die in diesen Rollen erfolgreich waren. So haben viele alte Jungfern ihr Leben in sehr enger Beziehung mit so manchem Mann verbracht. Nicht zuletzt in der Welt der Kultur.

Dass männliche Künstlerikonen sich Musen als Modell und Gesellschafterin hielten, ist allgemein bekannt. Worin liegt also die Bedeutung der Jungfern für die Kunst? Anscheinend haben wir den Unverheirateten, Kinderlosen viel zu verdanken. Da ist zum Beispiel Hannah Danby. Alte Jungfer, Haushälterin und Lebensgefährtin. Sie war bei J. W. Turner – dem britischen Landschaftsmaler – angestellt, und sie hat als Einzige an seiner Seite durchgehalten, in einem Leben, in dem alle Frauen austauschbar waren. Turners Geliebte kamen und gingen. Sogar die Mütter seiner Kinder. Nur Hannah blieb und hielt über vierzig Jahre lang den Haushalt am Laufen.

Die Schriftstellerin und Journalistin Ida Bäckman hatte da eine bessere Ausgangslage, war jedoch schmerzlich fest mit den Kulturmännern ihrer Zeit verbunden. Jahrzehntelang galt Bäckman als peinliche Stalkerin des schwedischen Lyrikers Gustaf Fröding, wurde als hässliche, paranoide und allgemein lästige Erscheinung verhöhnt. Als der Dichter schließlich in einer Heilanstalt landete und alle anderen ihn verließen, schwafelte er trotzdem von einer Ehe mit »dem hässlichen, kreischenden Gnom«.

Und dann gibt es natürlich noch Margaret Kjellberg, die Freundin des Arbeiterschriftstellers Harry Martinson. Die freundliche, praktische Margaret. An sie muss ich immer denken, wenn ich mit der S-Bahn am Bahnhof von Jonsered vorbeikomme. Die Geschichte ist so schön, dass Hollywoods Produzenten mit beiden Händen zugriffen, wenn sie sie nur kennen würden. Allein die Eröffnungsszene! Ein regnerischer Herbstabend in Jonsered. Die alte Jungfer, in Hut und Mantel, läuft den Hügel hinab zum Bahnhof. Der Hut groß und unförmig, mit einer Feder geschmückt. Mit der einen Hand hält sie den Hut fest, mit der anderen rafft sie den langen Rock. Wir schreiben das Jahr 1919.

Normalerweise lässt der Bahnhofsvorsteher den Zug warten, denn Fräulein Kjellberg kommt immer in letzter Minute angerannt. Aber dieses Mal reißt ihm die Geduld.

Margaret Kjellberg verpasst den Zug und muss sich in den Wartesaal setzen.

Der nächste Zug kommt erst in einer Stunde oder noch später, aber sie ist auf jeden Fall nicht allein. Der schlecht angezogene Junge auf der Bank gegenüber sieht aus, als ob er fröre. Wer beginnt das Gespräch? Ich stelle mir vor, dass Margaret angesichts des dünn gekleideten Jungen Mitleid bekommt und fragt: Wohin ist der Bub denn unterwegs an so einem scheußlichen Abend?

Der Junge erzählt von seinen Plänen, zur See zu fahren. Er ist eine Weile als Landstreicher unterwegs gewesen. Jetzt will er nach Göteborg und auf einem Schiff anheuern. Margaret schüttelt bestimmt die ganze Zeit den Kopf. Um diese Jahreszeit zur See zu gehen, kurz vor Wintereinbruch, das ist keine gute Idee. Hat der Junge schon mal was von Jonsered gehört? Eine Musterstadt, die nach den Plänen des Sozialreformers Owen gebaut wurde. Wie wäre es, den Winter dort zu verbringen? Eine Arbeit in einer Spinnerei kann sie beschaffen. Und auch einen Anzug und einen Ausweis für die Bücherei.

Als man kurze Zeit später Margaret und den Jungen durch den Sturm zurück in die Stadt wandern sieht, ist das der Beginn einer Freundschaft, die untrennbar verbunden ist mit einem großen Schriftsteller. »Eine sehr nette Dame«, sollte Harry Martinson sagen, als er viele Jahre später aus Anlass seiner Wahl in die Schwedische Akademie interviewt wird. »Sie ordnete mein Leben und hatte einen sehr großen Einfluss auf meine Ansichten.« Hinter diesen Worten stecken Jahrzehnte von Korrespondenz und Freundschaft. Er wurde Nobelpreisträger. Sie war die gute Fee, die mit Geschenken kam, in Krisen half und ihn zu Frauengestalten inspirierte.

Dass eine alte Jungfer, die traditionellerweise als die Antithese der guten Mutter betrachtet wird, in Harry Martinsons Romanen eine Mutterrolle bekommt, das erwärmt mein Altjungfernherz. Ja, natürlich kann man sich den mutterlosen Harry und Margret Kjellberg, mit einer unglücklichen Liebe in ziemlich frischer Erinnerung – die Eltern verboten ihr die Ehe mit dem Mann, den sie haben wollte –, gut im Wartesaal vorstellen, und das ist schön. Aber irgendwie mache ich mir doch Gedanken über die Verbindung zwischen ihnen.

War Margaret eine Frau ihrer Zeit und völlig einverstanden mit ihrer Rolle als Gebende und Unterstützende? Oder quälte diese Rolle sie, und sie wollte mehr für sich selbst? Stand sie irgendwann einmal vor Harrys Frauen, der radikalen Moa und später Ingrid Lindcrantz, und kam sich albern vor mit ihrem eleganten Hut? Wenn ich Margarets Gratulationsbrief an die zweite Frau Martinson lese, erstaunt mich ihre höfliche Begeisterung. »Möget Ihr gemeinsam allen Schwierigkeiten trotzen, Euch die wahre Freude am Leben bewahren, an Eurem Zuhause, Eurem Zusammenhalt!«

Oh, Margaret, was hast du gedacht, als du das geschrieben hast? Hast du dich aufrichtig für Harry gefreut? Oder streifte dich der verbotene Gedanke, der binnen Sekunden die Falltür öffnen und dich in einen Sumpf aus Scham stürzen kann: Warum sie und nicht ich?

Ich spiegle mich natürlich in Margaret. Projiziere, fantasiere. Und glaube, ahnen zu können, wie es war, am Abend allein nach Hause zu fahren, wenn die Lampen im Häuschen Martinson gelöscht wurden. Ich glaube, einiges über dieses Gefühl zu wissen.

Manchmal kommt die Vergangenheit ungebeten zu Besuch. Ich kann in meiner Heimatstadt Göteborg umherlaufen und treffe an jeder zweiten Straßenecke einen früheren Angebeteten, der mir seine Frau vorstellen will. Die Frauen haben kühle Hände. Ich lasse sie schnell wieder los. Ich versuche, mich zu erinnern, worüber wir vor acht, fünfzehn oder zwanzig Jahren gesprochen haben. Aber alles, was damals wichtig war, hat seine Bedeutung verloren. All die kostbaren Worte, die sie sagten, habe ich vergessen. Schall und Rauch. Weg.

Die Einsamkeit der alten Jungfer

Einsamkeit. Wie sieht sie aus? Wie ein Lavafeld auf Island.
Keine Bäume, keine Pflanzen. Nur Grautöne, Weite, Himmel – vielleicht ganz in der Ferne ein kleiner Busch, der im
eisigen Wind zittert. Ich war einmal dort, in der Mondlandschaft von Island. Ich trat ein paar Schritte auf die Hochebene, und ein Gedanke überfiel mich: Ja, genau, da bist du
ja! Genau so sieht meine Einsamkeit aus. Ich kann in dieses
große Nichts hineingehen, mich hineinlegen und zu Hause
fühlen. Man sieht keinen Unterschied zwischen mir und der
Landschaft. Der Gedanke klingt depressiv, das höre ich auch,
aber in meiner Erinnerung ist es nicht so. Eher wie ein kurzer
Moment des Bodenkontakts. Als ob ich, schnell und beinahe
aus Versehen, plötzlich auf dem Grund meines Lebens gestanden und gespürt hätte, wie die Einsamkeit in mir sich
mit der Einsamkeit der Landschaft verband, die sich wiederum mit dem Horizont vereinte, der nur ein schmaler Saum
gegen eine noch größere Öde war, die im Universum wohnt.
Und plötzlich war meine Einsamkeit so groß, so uralt und
eine so allgemeine Erfahrung, dass ich mich überhaupt nicht
mehr einsam fühlte.

Viele Leute, die sich ein Leben ohne Zweisamkeit nicht vorstellen können, mögen es nicht, wenn ich die Einsamkeit beim Namen nenne. Sie wollen unbedingt meine Versicherung hören, dass ich genauso wenig allein bin wie jede beliebige Mutter von zwei Kindern. Meine Güte. Ich bin ja nie zu Hause, wenn sie vorbeikommen, um ihr Neugeborenes vorzuzeigen! Ich habe wohl immer etwas vor. Jede Menge spannende Freunde! Kulturelle Veranstaltungen! Doch, ja. Das alles habe ich. Aber ich muss auch größere Dosen an Einsamkeit schlucken als viele andere.

Das ist doch selbstverständlich. Wenn man sein Alltagsleben nicht ständig mit einem weiteren Menschen teilt, ist man viel mehr Stunden allein. Die meisten Dinge, die andere selbstverständlich als Paar oder als Familie unternehmen, habe ich allein gemacht, seit ich erwachsen bin. Ich esse allein, wache allein auf, reise allein, ich stehe allein auf dem Küchenstuhl und gieße kochendes Wasser auf die Mehlkäfer, die sich im Küchenschrank niedergelassen haben. Für jemanden, der gerade Single geworden ist, klingt das wie der reine Albtraum. Für alte Jungfern, die seit dreißig oder vierzig Jahren allein leben, ist es Alltag. Nein, ich bin kein »einsamer Wolf«. Ich brauche das Alleinsein nicht, um schreiben zu können. Im Grunde bin ich ein sozialer Mensch mit einem großen Bedürfnis nach Gesellschaft. Das Leben hat mich einfach nur in eine einsame Richtung gewiesen, und das ist jetzt schon so lange der Fall, dass ich im Guten wie im Schlechten mit diesem Zustand verwachsen bin.

Manchmal sehe ich mich durch die Augen eines Fremden, und dann erkenne ich einen Menschen, der sehr einsam aussieht. Ich sehe mich, wie ich an einem Neujahrsabend um zwölf Uhr auf dem Sofa liegend aufwache, mit der Fernbedienung unter der Wange und einem halb ausgetrunkenen Bier auf dem Sofatisch. Ich sehe mich am Fenster stehen, im schlabbrigen Jogginganzug, Essensreste auf dem Kapuzenpulli, und das Feuerwerk betrachten. Das Gesicht, das sich im Fenster spiegelt, ist so ein Gesicht, von dem wir am liebsten Abstand halten: mittleren Alters, ernst, ungeschminkt, ein bisschen leidend, umgeben vom Wohnzimmerdunkel. Ein typisch einsames Gesicht.

Wenn Freunde mich fragen, was ich an Silvester gemacht habe, werde ich das nicht erzählen. Ich werde vielleicht sagen, ich sei zu Hause geblieben, aber das Bier und das Nickerchen auf dem Sofa werde ich nicht erwähnen. Nicht weil ich mich schäme oder meine Einsamkeit peinlich finde, sondern eher, damit die Freunde sich keine Sorgen machen.

Es gibt eine tolerierte Form der Einsamkeit. Zusammen mit einer Yogamatte ist fast alles gestattet. Sogar allein an einem Fenstertisch mit einem Glas Wein in einer angesagten Kneipe in der Stadt zu sitzen, dieses Alleinsein ist ein Accessoire in einem Leben voller Chancen und Erfolg. Von einer einsamen, Bier trinkenden Frau an einem Silvesterabend wird eine Erklärung erwartet. Wenn ich Dinge sage wie »meine Ruhe haben«. Wenn ich darlege, wie angenehm und friedlich es war. Wenn ich ein gutes Buch erwähne, eine freie Entscheidung, ein gutes Glas Wein, mit Betonung auf »ein«

71

(damit niemand glaubt, ich hätte angefangen zu trinken), dann macht sich niemand größere Sorgen. Aber meistens sage ich gar nichts. Das ist einfacher.

Das Englische wie auch das Deutsche kennen zwei Begriffe für das Alleinsein. Das selbst gewählte: *solitude* beziehungsweise *Alleinsein*. Und das unfreiwillige: *loneliness* beziehungsweise *Einsamkeit*. Als alte Jungfer weiß ich, es gibt noch tausend andere Möglichkeiten, allein zu sein. Wenige habe ich mir selbst ausgesucht, und viele hätte ich lieber nicht erlebt. Und dennoch. Wenn ich jetzt zurückschaue und versuche, mein Leben als alte Jungfer zusammenzufassen, dann sehe ich, dass ich der Einsamkeit auch viel zu verdanken habe.

Manchmal denke ich, ich werde wohl gut sterben. Doch, wirklich. Ich glaube, ich habe Talent dafür. Nein, ich sehne mich nicht fort. Ich mag dieses Leben und habe keinerlei Todessehnsucht. Aber ich glaube, eine mit meinem Lebenswandel, mit jahrelangem Training im Alleinsein, die kann auch gut loslassen. Manchen Gedanken kann man als alte Jungfer kaum entkommen. Einer davon ist das Wissen darum, dass man sein Leben ganz für sich allein hat. Diesen Gedanken habe ich so oft und so intensiv gedacht, dass ich mich auch mit dessen letzter Konsequenz versöhnt habe. Eines Tages werde ich so allein, wie ich gekommen bin, wieder verschwinden.

Eines Tages werde ich in den Hafen einlaufen

Ich hätte nicht gedacht, dass das passieren würde. Aber eines Tages geschah es doch. Ich war neunzehn und ging mit einem Klassenkameraden in ein Studentenpub. Als ich nach Hause kam, hatte ich einen »Freund«. Dann waren wir vier Jahre zusammen.

Ich erinnere mich noch gut an die erste Zeit. Wie sehr ich das Wort *Freund* liebte. Ich versuchte, es in jedem zweiten Satz unterzubringen. Meine eigene Stimme zu hören, wie sie das großartige Wort mit alltäglicher Lässigkeit aussprach, als besäße es einen selbstverständlichen Platz in meiner Sprache, war jedes Mal etwas Besonderes. Denn selbstverständlich war es keineswegs. Ich war eher überrascht, schockiert, erschüttert, dass sich überhaupt jemand für mich interessierte.

Ich hatte nicht nur einen Freund und einen Verlobungsring. Nicht nur einen Küchenschrank voller Verlobungsgeschenke: Fonduetopf, Küchenmaschine und Salatschüsseln. Ich hatte auch das Gefühl, das Ende des Alleinseins sei gekommen, auf eine Art, an die ich nie geglaubt hätte. Ich hatte jemanden, mit dem ich spielen konnte. Ich hatte alltägliche Wärme. Ich konnte schreckliche Pullover mit Mumin-Motiven stricken, und mein Partner trug sie völlig schambefreit, sogar zu Vorlesungen an der Uni.

Als Zweiundfünfzigjährige erinnere ich mich an das alles wie durch einen Nebel. Es wirkt nicht mehr ganz real. Im Rückblick sehe ich mein jüngeres Ich, wie es danach hungert, in den Kreis der Begehrenswerten aufgenommen zu werden, aber als ich am Ziel war, wurde ich nachlässig und nahm die Zuneigung für selbstverständlich. Ich dachte, hinter den Bergen gebe es noch etwas – etwas anderes, Besseres. Als ich mich nach vier Jahren trennte und in die Stadt zog, hatte ich das Gefühl, jetzt lägen die großen Liebesabenteuer vor mir. Und irgendwie hatte ich ja recht. Ich hatte nur nicht damit gerechnet, die Liebesabenteuer allein zu durchleben.

Manchmal frage ich mich, was ich eigentlich in den Neunzigerjahren getrieben habe, als mein ganzer Bekanntenkreis damit beschäftigt war, einander zu finden, zu heiraten, eine Familie zu gründen, sich scheiden zu lassen, mit einer neuen Liebe noch einmal vor vorn zu beginnen. Tatsächlich war auch ich mit der Liebe beschäftigt; sie einzureißen, neu zu erfinden und das, was ich über sie zu wissen glaubte, umzudefinieren. Wenn es für mich jemals ein Lieben geben sollte, dann war das nötig.

Während der ganzen Neunzigerjahre lief mein Liebesradar auf Hochtouren. Alle, die ein Gefühl in mir auslösten – ganz gleich welches, Hauptsache, es war stark –, kamen als Kandidaten für Sex, fürs Kuscheln, fürs Heiraten infrage. Man wollte am liebsten in den Hafen einlaufen, wie es im Schlager von Stig Olin aus den Fünfzigerjahren heißt, der das Wesen der Romantik so schön zusammenfasst: die Sehnsucht nach der Heimkehr und dem herzlichen Empfang. Aber ich war als Liebesmatrose ganz schlecht gerüstet.

In meiner Erinnerung schneit es. Große, nasse Flocken beschmutzen ein ganzes Jahrzehnt. Als wären die Neunziger ein einziger langer Matschwinter gewesen. Immer ließ man die Handschuhe in der Straßenbahn liegen. Man fror auf dem Weg in die Kneipe, und man fror auf dem Weg nach Hause. Aber am allermeisten fror ich am Järntorget, um zwei Uhr nachts, wenn ich darauf wartete, dass meine Freundin die Große Entscheidung traf. Sollte sie mit dem Mann, den sie gerade in der Bar kennengelernt hatte, nach Hause gehen? Oder mit mir zur Imbissbude, ein Würstchen mit Kartoffelbrei essen und Flipper spielen? Als die Freundin später heiratete, war ich Brautjungfer und hielt eine Rede, in einem fleischfarbenen geliehenen Kleid. (»Pfirsichfarben«, nannte es die Braut.)

Das Gefühl der Versteinerung verfolgte mich überall. Mein Gesicht und meine Gedanken. Alles war wie in dichtes Plastik eingepackt. Ich wartete auf die Liebe, wie man auf den Weihnachtsmann oder das Jüngste Gericht wartet. Als wäre sie ein fremder Gast, eine von außen kommende Kraft, die einen »trifft« und »überwältigt«. Das Richtige Gefühl. Und während ich wartete, pflegte ich eine Gefühllosigkeit, wie man sie nur aus romantischen Komödien kennt. Um mich herum gab es eine Welt voller Bescheidenheit, Graustufen und Paradoxe, aber das Einzige, was zählte, waren große, eindeutige Gefühle, die den Boden wanken und einem den Himmel in den Schoß fallen ließen. Tatsächlich war ich nie so unachtsam, unaufmerksam, intolerant und geizig wie in meinen romantischen Phasen.

Im Nachhinein kommt es mir beinahe vor wie eine Zwangsvorstellung, in diesem Fall jedoch nicht nur die meine, sondern die meines gesamten kulturellen Umfelds. Hätte ich in einer anderen Kultur gelebt, dann hätte ich auch mit einem anderen Liebesbegriff umgehen können. Dann hätte mich die Liebe zur Familie, zu Gott, Tieren oder meinem Stamm auf eine ganz andere Art und Weise tragen können. Aber ich bin nun einmal eine Frau aus der westlichen Kultur und geradezu imprägniert mit der Vorstellung, dass die romantische Zweisamkeit die höchste Form der Liebe ist, der Gipfel in der Beziehungshierarchie. Weck mich mitten in der Nacht, und ich kann dir meine Personennummer, mein Sternzeichen und meine exakte Position im Kreislauf der Zweisamkeit aufsagen. Jedes andere Konzept widerspricht so sehr der herrschenden Sicht auf die Liebe, dass einem allein der Gedanke an etwas anderes lebensgefährlich erscheint. »Als würde man aus einer Sekte austreten«, hat einmal eine Freundin gesagt. Nun ja. Irgendwann konnte ich einfach nicht mehr auf den Knien einem neuen Sonnenaufgang entgegenrutschen. Ich hatte die Romantik satt. Oder besser gesagt, ich konnte diese Vorstellung von Liebe einfach nicht mehr aufrechterhalten. Ich war am Ende des Wegs angelangt, das ist ja der Punkt, wo die Gedanken, der Körper und das Gefühl nach langen Mühen endlich gleichziehen. Es gab keine Alternativen, ich konnte nur in eine Richtung gehen.

Ein Wendepunkt kam in dem Sommer, als ich vierzig wurde. Da hatte mein Leben sich auf so vielen Ebenen festgefahren, dass ich kaum mehr vor die Tür konnte. Nicht nur die Männer sagten Nein, das ganze Leben sagte Nein. Und das Schlimmste von allem: Ich litt unter einer schweren Schreibblockade, konnte nur mit größter Mühe Wörter zu sinnvollen Sätzen zusammenfügen.

Ich arbeitete als freie Journalistin für die Feuilletons zweier Zeitungen. Ich musste Texte abliefern, Abgabetermine einhalten und Rechnungen bezahlen. Aber jedes Wort, das mich verließ, kam mir vor wie ein Gnadengesuch, eine Bitte um eine Aufenthaltsgenehmigung in einem Dasein, das nicht für mich gedacht war. Die Angst vor Zurückweisung hatte mich fest im Griff, und jetzt ging es nicht mehr nur um Männer, sondern um mein ganzes Leben. Ich hatte Angst, von allen abgewiesen zu werden, aus allen Beziehungen. Verbannt zu werden. In die Wildnis geschickt zu werden.

Auf dem Höhepunkt dieser Krise konnte ich kaum drei Wörter schreiben, ehe die Angst überhandnahm und ich alles wieder löschen musste. Drei Wörter, löschen. Drei Wörter, löschen. Es geschah zwanghaft, eine Panikreaktion, die mich ewig am Schreibtisch festhielt, tagelang. Die harte Kante des Schreibtischstuhls schnitt mir in die Kniebeuge ein, unterband die Blutzirkulation. Wenn die Morgendämmerung kam, waren meine Beine auf den doppelten Umfang angeschwollen, als hätte ich eine Thrombose, aber der Bildschirm war immer noch leer.

Als ich das Fest zu meinem vierzigsten Geburtstag absagte, befand ich mich in einem bedauernswerten Zustand.

Zehn Monate später hatte ich die Wahl zwischen Psychotherapie und dem Abgrund.

Insgesamt fünfzehn Jahre bin ich zur Therapie gegangen, vier Jahre in den Neunzigerjahren und bisher elf Jahre als Frau mittleren Alters. Einige meiner Bekannten, die meine Neigung für Therapie kennen, gehen davon aus, dass ich eine sehr komplizierte Behandlung durchmache, an schweren Intimitätsproblemen leide, und sie fragen sich, wo das Ergebnis bleibt. Wird meine harte Arbeit wirklich nicht mit einem Ehemann belohnt? (Lies: mit einem Leben wie ihrem?) Bekomme ich, wie eine Freundin es einmal ausgedrückt hat, »keine Werkzeuge« an die Hand, um mein »Männerproblem« zu lösen?

Natürlich wäre alles viel einfacher, wenn mein Scheitern an der Zweisamkeit mit einem gestörten Verhältnis zu Männern erklärt werden könnte, oder mit einem Outing als Lesbe, wie mir Hobbypsychologen an so manchem Bartresen vorgeschlagen haben. Aber der Mensch ist kompliziert, wird von widerstrebenden Kräften gelenkt; Mangel und Sehnsucht, Stärken und Verletzungen wirken auf unergründliche Weise zusammen. Ich fing mit der Therapie an, um meine Schreibblockade zu brechen, und das gelang auch. Aber es hängt alles mit allem zusammen. Inzwischen habe ich verstanden, dass der Teil von mir, der schreibt, und der Teil von mir, der die Liebe sucht, vielleicht nicht ein und dasselbe ist, aber doch sehr eng verwandt. Beide suchen Kontakt. Verankerung in der Welt. Unverstellte Bindung. Sie teilen sich ein Nervensystem. Heilt man eins, heilt man das andere.

Ich kann mir kaum noch in Erinnerung rufen, wie sich das Leben zu zweit anfühlt. Wenn ich mich an die Frau zurückerinnere, die ich in den Achtzigerjahren war, dann kommt es mir vor, als würde ich Vorfahrinnen in einem Fotoalbum anschauen. Ich kann die vage Verwandtschaft erkennen, ihre Züge in mir, aber das Porträt wirkt blass und unwirklich. Sie geht mich nichts mehr an. Nur eins fehlt mir tatsächlich: das alltägliche Geplauder!

Ja. Es wäre schön, abends nach Hause zu kommen, im Flur ein paar Worte darüber zu verlieren, was tagsüber passiert ist – egal ob belanglos, blöde oder weltbewegend –, und zu wissen, dass immer eine Antwort kommt. Das klingt vielleicht banal. Aber ich glaube, wenn man so lebt, in einem ständigen Strom von alltäglichem Geplauder, so selbstverständlich wie das Hintergrundbrummen des Kühlschranks, dann wird man mit der Zeit zu einem Menschen, der sich bestätigt fühlt. Und diese Art von Bestätigung möchte ich auch haben. Ich möchte von diesem Gefühl umschlossen werden, bis ich nicht mehr daran zweifle. Ich glaube nämlich, genau in dem Bewusstsein, dass die eigenen Worte jemanden erreichen und angenommen werden, da nimmt das Gefühl, geliebt zu werden, seinen Anfang.

Die amerikanische Feministin und Antiromantikerin bell hooks meint, man solle Liebe als Verb betrachten. Als aktive Handlung. Diese Art von Liebe berührt die alte Jungfer in mir. Ich glaube, Liebe ist vor allem ein aktives Antworten.

Die Antworten der Männer an mich waren meistens ein Nein. Das heißt aber nicht, dass es in meinem Leben keine Liebe gibt. Man kann viel lieben, es muss nicht immer ein

Liebhaber sein; es gibt so viele Rufe, auf die man antworten kann.

Manchmal denke ich: Die Liebe war nie da, wo sie angeblich sein sollte. Wertschätzende Antworten und Anteilnahme habe ich immer aus anderen Quellen erfahren. Aus Büchern und von Freundinnen. Von Fremden, die in einem kritischen Moment vorbeiliefen, mir eine Tasse Kaffee reichten und weitergingen. Sie kamen aus Großstädten und Volontariaten. Von Redakteuren, deren Freundlichkeit und Loyalität mich auf den Beinen hielten, als ich überhaupt nicht schreiben konnte. Sie kamen in Therapieräumen und unverschämten Gesprächen. Aus dem Tanz und von höheren Mächten, die im Dunkeln unter einem Stein wohnen wie im Thomasevangelium. Aus der Stille im Atelier früh am Morgen.
Nein. Ich werde niemals akzeptieren, dass die Zweisamkeit, die ich mir gewünscht habe, so einfach von einer guten Freundin oder einer Yogamatte ersetzt werden kann. So einfach ist es nicht. Aber ich werde auch nicht akzeptieren, dass alte Jungfern zu einem Leben ohne Liebe verdammt sind. Gewiss, es wäre sehr praktisch für die patriarchale Ordnung, wenn ich und meine Schwestern uns widerspruchslos als Analphabeten in Sachen Liebe definieren ließen, aber diesen Gefallen werden wir ihnen nicht tun. Wenn fünfzehn Männer Nein sagen, dann gehe ich eben woandershin mit meiner Liebesfähigkeit. Ich gehe dahin, wo meine Aufmerksamkeit und mein Einfühlungsvermögen von Nutzen sind.

Manche unserer Ahninnen kann man gar nicht genug preisen. Alte Jungfern, die auf eigene Faust der Welt so viel Heilung, Verbesserungen und Trost zugeführt haben, dass dies bei Weitem die kleinen Wohltaten übertrifft, die tausend lauwarme Ehen zusammengerechnet hervorbringen. Starke Frauen, könnte man sagen. Aber ich weiß nicht. Ich stelle mir ihre Großtaten eher als eine Art Alchemie vor.

Bertha Pappenheim ist vor allem als Fallbeschreibung aus den Kindertagen der Psychoanalyse bekannt. Aber Anna O., wie sie in den *Studien zur Hysterie* der Doktoren Freud und Breuer heißen sollte, war im Lauf ihres Lebens Reformatorin, Rednerin, Autorin, Übersetzerin und unerlässliche Kraft in der ersten Welle der Frauenbewegung. Als Vorsteherin eines Kinderheims beschäftigte Bertha sich mit so unbequemen Fragen wie dem Recht auf Ausbildung für Mädchen aus Kinderheimen. Als Vorsitzende und Gründerin eines jüdischen Frauenvereins brach sie das Schweigen in der Prostitutionsfrage und brachte orthodoxe Rabbiner zur Weißglut. Dazu kamen Streitschriften, Artikel, Märchen für Kinder und die große Übersetzung des Werks von Mary Wollstonecraft. Bertha Pappenheim erscheint als die Art von alter Jungfer, an deren Schulter ich mich in meinen schwärzesten Stunden gerne gelehnt hätte. Doch das Bild ist nicht nur hell. Sie war streitbar und stark, wirklich unglaublich stark, aber Bertha war auch »eine Geige, der man den Bogen bricht«, und »eine Pflanze im Keller ohne Licht«. Jedenfalls wenn man einem Gedicht glauben will, das sie um 1910 verfasste. Vielleicht das traurigste Gedicht, das je von Altjungfernhand geschrieben wurde.

Mir ward die Liebe nicht –
Drum leb' ich wie die Pflanze,
Im Keller ohne Licht.
Mir ward die Liebe nicht –
Drum tön' ich wie die Geige,
Der man den Bogen bricht.
(...)
Mir ward die Liebe nicht –
Drum denk' ich gern des Todes,
Als freundliches Gesicht.

Ich lese das Gedicht mit gemischten Gefühlen. Ein bisschen ist es mir peinlich. Bitte! Mach dich doch nicht so klein. Aber nein – ich werde Bertha Pappenheim nicht in die Geschichte des Triumphs zwingen, in die auch ich nicht gezwungen werden möchte. Du, Bertha, möchte ich stattdessen sagen. Ich höre deine Not, und ich glaube, ganz genau zu wissen, wie sie aussieht. Ich weiß, dass es in dir einen Raum gibt, eine Schreckenskammer, die du betreten kannst. Aber ich weiß noch etwas: Das ist nicht die ganze Wahrheit über dich.

Du bist nicht die, die nichts abbekommt. Lass dir das nicht einreden. Hör lieber mir zu. Vor allem bist du die, die den Alchemisten aller Zeiten etwas voraushat: Du hast den Urstoff gefunden, den Stein der Weisen, aus dem man alle anderen Stoffe gewinnen kann.

Du hast ja nie angestrebt, aus Eisen und Schwefel Gold herzustellen. Du warst eine Alchemistin der Gefühle. Dein Urstoff war der Mangel. Aus dem hast du deine klare Sprache, deine Sensibilität und Stärke gewonnen, ja alles, was es braucht, um diesen Planeten in einem besseren Zustand zu hinterlassen als bei deiner Ankunft. Das weißt du. Das ist Liebe, Bertha. Eine tätige Liebe. Wie sollen wir es sonst nennen?

❦

Natürlich ist auch etwas verloren gegangen. Viele Leute wollen wissen, ob mir nicht Kinder in meinem Leben fehlen, und gehen wie selbstverständlich davon aus, dass es nur zwei Antworten auf diese Frage gibt. Aber meine Antwort kann kein klares Ja oder Nein sein.

Die Person, die ich heute bin, hätte gerne Kinder gehabt. Das Problem ist, dass ich einem Leben, in dem ein Kind auch für mich denkbar gewesen wäre, nie nahe genug gekommen bin. Jetzt bin ich nicht so sehr traurig darüber, dass ich kein Kind habe, sondern dass so viele Türen sich geschlossen haben, bevor ich das überhaupt begriff.

Die Trauer ist ein Urgestein. Es gibt Momente, da spüre ich das Gewicht und werde zu einer sehr alten Jungfer, gezeichnet von Isolation und Verlust. Aber die alte Jungfer, die ich sein will, kann nicht nur schwer sein. Sie muss beweglich sein und so klug, dass sie den Unterschied zwischen Identität und Position erkennt. Ihre Altjungfernschaft darf nicht nur eine Haut sein, sondern muss ein Paar stabile Schuhe sein, in denen man stehen kann. Am Rande der Gesellschaft festzustecken ist genauso uninteressant wie in ihrer Mitte.

Ich bewege mich lieber frei zwischen Peripherie und Zentrum.

Spät an einem Samstagabend will ich Tinder ausprobieren. Ich war auf einer Party, habe zwei Gläser zu viel getrunken und mit Millennials geredet, die steif und fest behauptet haben, die Monogamie sei ein aussterbender Dinosaurier. Ob ich denn noch nie etwas von Dreisamkeit, Bonusfreunden und Online-Dating gehört hätte?

Wenn man 1992 jemanden in der Kneipe aufreißen wollte, durfte man nicht zimperlich sein. Viel schlimmer kann Tinder auch nicht sein, oder? Als ich die App heruntergeladen, mich registriert und die Wischbewegung mit dem Finger erlernt habe, mit der man die Gewollten von den Ungewollten trennt, erscheinen mir die Baggertechniken der Neunziger auf einmal wie Pfadfinderei. Über die Jagd nach Liebe und Sex von damals kann man sagen, was man will. Aber wir haben den Leuten wenigstens nicht die Hand auf die Schulter gelegt und sie buchstäblich und handgreiflich von uns weggestoßen, wenn sie uns nicht gefielen. Tinderstyle.

Ich möchte in dieser Nacht eine unbeschwerte alte Jungfer sein, aber die Wischbewegung mit dem Finger widerstrebt mir rein physisch. Da ist zu viel Sehnsucht. Ich kann mir das gar nicht anschauen. Ich habe sie selbst erlebt, genauso roh und drängend, wie ich sie hier bei den Männern sehe, die an mir vorbeigleiten. Man kann sie in den Augen des Fischers lesen, der mit einem gerade gefangenen Hecht posiert, bei dem Biertrinker, der einen Humpen in Form eines Stiefels auf einem europäischen Volksfest in die Höhe hält, bei dem Achtundsechzigjährigen, der sich hinter einer teuren Sonnenbrille versteckt, und beim Mathelehrer in Radlerhosen. Mein Finger arbeitet wie verrückt. *Du nicht, du nicht, du nicht.*

Ich kenne das nur allzu gut. Ich weiß, wie man aus dem Blickfeld von jemandem gewischt wird, nachts um drei, hinaus in den eiskalten strömenden Regen. Nach zwanzig Minuten verlasse ich die Tinderblase fluchtartig – mit dem Gefühl, dort nur allzu Bekanntes vorgefunden zu haben. Genug davon. Nie mehr möchte ich mich einer Situation aussetzen, wo Fleischbeschau und schlichte Zurückweisung das Grundprinzip des Umgangs bilden.

Nein, niemand würde sich mehr freuen als ich, wenn meine beziehungsanarchistischen Freunde recht hätten und wir wirklich vor einer Zeit stünden, in der die Liebe neue Formen finden könnte. Aber passiert das noch zu meinen Lebzeiten? Ich bin da skeptisch, und nicht einmal normkritische Millennials, die gerne neue Wörter ganz ohne Scham und Stigma verwenden, können mich davon überzeugen, dass bereits die letzte Schlacht geschlagen wird.

Nein, ich bin nicht poly-, auch nicht pan- oder demisexuell. Nicht asexuell. Nicht postmodern. Ich bin bloß eine alte Jungfer. Von meinem Aussichtspunkt auf dem Glasberg sehe ich viele fröhliche Singles, die eine Zeit lang ein unbeschwertes Tinder-Leben feiern. Ich lese Bücher über gelungene Scheidungen, und ich höre von glücklichen Singlefrauen, wie sie, umringt von zehn Jahre jüngeren Männern, in einem Jazzclub tanzen. Nie wieder werden sie sich in den Käfig der Zweisamkeit sperren lassen, sagen sie. Nie mehr all ihre Wärme, Zeit, Lust und Fantasie für einen einzigen Menschen reservieren. Aber die Norm der Zweisamkeit ist eine Bastion, die man nicht so leicht stürmt. Es vergeht ein Jahr. Es vergehen zwei Jahre. Und ich treffe sie mit goldenem Glitzern am Ringfinger und dem Kind im Tragetuch. »Wenn ich den oder den nicht getroffen hätte, dann hätte ich nie …« Das sagen sie alle. Und sollte ausgerechnet ich widersprechen? Als alte Jungfer habe ich einmal den gleichen Traum geträumt.

Manchmal denke ich, jetzt bin ich einmal die ganze Runde gegangen und kann mich wieder Romantikerin nennen. Ich glaube immer noch, dass die Jagd nach Zweisamkeit bei vielen Menschen zwangsmäßig oder automatisch geschieht, als Ergebnis einer Kultur, in der zweisames Lieben als einziges Bild eines liebenden Menschen toleriert wird. Aber es gibt auch Versöhnliches über den romantischen Blick zu sagen. Früher habe ich es nicht ausgehalten. Wenn frisch verliebte Paare in der dunkelsten Ecke des Restaurants einander förmlich mit den Blicken verschlangen, musste ich immer ganz schnell wegschauen. Heute denke ich mir, verliebte Paare haben auch ihre Berechtigung.

Ich glaube, es gibt in jedem Menschen ein irrationales Liebesbedürfnis. Das wird eine Sekunde nach uns geboren, in dem Moment, wo das Neugeborene versteht, dass es sich nun im eigenen Leben befindet und der Weg zurück versperrt ist. Dann kann man ein ganzes Leben darauf verwenden, diese besinnungslose Kraft zu zügeln, zu besänftigen oder im schlimmsten Fall freizulassen. Niemand trägt einen anderen im eigenen Körper, aber jemanden mit dem Blick zu tragen, das ist schon viel. Derjenige, den ich in meinem Blick trage, ist immer noch frei, aber auch so gehalten, um sich an den Urzustand zu erinnern. An eine Zeit vor dem Alleinsein. Und das ist schön so. Das haben wir.

Im Blickfang

Als ich fünfzig wurde, veränderte sich etwas. Die Altjungfernschaft bekam eine neue Färbung. Wurde tiefer. Wurde
mehr zu einem Zuhause. Viele Leute sagten: »Jetzt bist du
unsichtbar, und wahrscheinlich kann dir gar nichts Besseres
passieren. Schau mal, als ältere Frau kannst du in eine Kneipe
gehen, ein Bier bestellen und es alleine trinken, ohne dass
es jemanden kümmert.« In solchen Momenten wurde mir
umso deutlicher, wie sehr ich zur alten Jungfer geworden
war. Es gibt die allgemeine Vorstellung, Frauen seien vor der
Pubertät und nach den Wechseljahren am freiesten. Susan
Sontag schrieb darüber, genau wie Simone de Beauvoir. In
der Werbung wird diese Vorstellung ständig ausgenutzt.
»Natürlich ist es traurig, dass die Männer sich nicht mehr
nach einem umdrehen, sobald man älter wird. Dass diese
netten Reaktionen ausbleiben«, sagte eine beliebte Theater-
schauspielerin vor ein paar Jahren in einem Werbefilm für
eine Apotheke. Um im nächsten Moment die Arme in einer
Siegesgeste hochzustrecken. »Endlich stelle ich die Bedingungen auf.« Ich als alte Jungfer habe Probleme, bei dieser
Story mitzumachen. Meine Geschichte ist anders, folgt einer
anderen Dramaturgie.

Die Unsichtbarkeit. Wann hat das angefangen? Wenn ich mich recht erinnere, dann in der sensiblen Phase zwischen Kindheit und Pubertät. »Ich habe mich in Raymond verliebt«, schrieb 1976 eine Brieffreundin. Als ich antwortete, ich sei in einen Hund namens Donny verliebt, folgte ein eisiges Schweigen, und ich hatte keine Brieffreundin mehr. Wir waren auf dem Weg in eine neue Zeit. Es war ganz offensichtlich, dass ich da nicht mitkam. Waren es die Haare? Der Blick? Die Pickel, die ich nervös aufkratzte, bis das Gesicht fleckig und die Haut rot war? Jedenfalls fehlte mir offenbar das, was nötig war, um »nette Reaktionen« zu wecken. Ich war nicht, was man in den Siebzigerjahren als *tough* bezeichnete.

Was genau *tough sein* bedeutete, konnte niemand erklären. Teils war es das Aussehen, aber auch eine Art von Geruch, den man hatte oder eben nicht. Mein fleckiges Gesicht, meine guten Noten und meine komische Schultasche – sie war wie ein Turnschuh geformt, und ich dachte, sie sei tough, als ich sie in London kaufte – waren so weit entfernt vom Toughsein, wie es nur ging. Ich war auch kein *süßes Mädel* (etwas schlechter als *tough*, aber gerade noch akzeptabel). Die Frage stellte sich, ob ich überhaupt ein Mädchen war. Der Blick, der mich aus dem Spiegel anschaute, war überhaupt nicht mädchenhaft, kaum menschlich. Ich sah eher aus wie ein seltsames, gehetztes Wesen, gefangen in einem Suchscheinwerfer.

Tagsüber in der Schule tat ich alles, um mit den Wänden der Flure zu verschmelzen. Abends lebte ich ein geheimes

Leben mit der Mädchenzeitschrift *Starlet*. Im Badezimmer gab es fast nichts von den Produkten, die laut *Starlet* nötig für eine gute Hygiene waren. Nur Mundwasser, das blau-weiße Deo aus dem Supermarkt und eine Riesenflasche mit Billigshampoo, sogenanntem Eier-Shampoo. Was war bloß ein Bimsstein? Konnte man auch einen ganz normalen Stein vom Parkplatz nehmen, um die Ellbogen weicher zu machen?

Im Supermarkt gab es eine Schminkecke, wo Produkte der Firma Rimmel verkauft wurden. Ich schaute mir die Herrlichkeiten immer von Weitem an, wagte mich aber nie in die Nähe. Make-up war nichts für seltsame Wesen. Allein der Gedanke, was passieren würde, wenn jemand das Wesen sähe, wie es in den Produkten von Rimmel kramte, hielt mich auf Abstand. So eine wie ich *versuchte* es nicht einmal, die Grenze zur Welt der Schönen zu überschreiten. Sich ein wenig an den Schminksachen der Schwester zu bedienen schien am sichersten.

Ich erinnere mich, wie ich vor dem Flurspiegel stand. Wie die aufgekratzten Pickel, die immer ein wenig bluteten, unter der Grundierung brannten. Die Hitze des Lockenstabs auf der Kopfhaut. Der Geruch von angesengtem Haar, wenn die Strähne zu lange um das Eisen lag. Aber am meisten erinnere ich mich an das Gefühl der Verdammnis, wenn ich kapitulierte und alles, was mich schön machen sollte, wieder abwischte. Nein, das war nichts für mich. Dieses Gefühl verfolgte mich noch weit bis ins Erwachsenenalter. Am unsichtbarsten war ich im Alter von sechsundzwanzig. Mit neununddreißig wurde es etwas besser, und seither hat das Gefühl von Sichtbarkeit zugenommen, sowohl für mich selbst als auch für Männer. Seit 1979 hat mich niemand mehr »Ekel« genannt. Ich habe allerdings auch viele getroffen, die meine fehlende Attraktivität bedauert haben.

Im täglichen Leben waren die meisten dieser Männer kritisch denkende Humanisten, die lieber Rattengift geschluckt hätten, als sich zu emotionalen Argumenten hinreißen zu lassen. Im Augenblick der Zurückweisung waren viele jedoch wie ausgewechselt. Als würden sie all das Gefühlsmäßige nachholen, was sie im täglichen Leben nicht ausdrücken konnten. Viele hatten auf einmal Gefühle in Bezug auf Kleider und Frisur. Andere in Fragen des Alters. Einer hatte eine »ästhetische Präferenz«, die erfüllt sein musste, damit es sich *richtig* anfühlte. Am schlimmsten jedoch waren die Diffusen. Die nur so ganz allgemein ein Gefühl hatten und es behandelten wie eine wertvolle Ming-Vase, man durfte sie nicht berühren, sich ihr nicht nähern, nichts über sie sagen, sie nur von Weitem bewundern.

Ich versuchte, sie zu besänftigen. Ich wollte die Liebe aller gewinnen, die mich nicht haben wollten. Das war klassisch. Ich war fünfundzwanzig, siebenundzwanzig, sechsunddreißig, neununddreißig, aber ich benahm mich wie eine Vierzehnjährige, die immer noch die Anerkennung der Schulhof-Kings in der Raucherecke suchte. Einer von denen war ein Kerl mittleren Alters mit einer fatalen Schwäche für einen gemeinen Jargon. Er hielt sich ein knappes Jahr in meinem Leben auf – eine sogenannte Arbeitsbeziehung, mit der ich auch Sex hatte –, und da wurde mir bewusst, wie schmal der Grat zwischen Liebe und Verachtung manchmal ist. Und wie unbemerkt diese Grenze manchmal überschritten wird. »Alles kann doch eine Liebeserklärung sein«, hatte er mit seiner nachdenklichsten Stimme gesagt. »Hauptsache, man ist sich einig, worum es geht.« Damals habe ich solches Geschwätz als große Lebensweisheit geschluckt.

Das Codewort war »Liebe«. Sobald ich das hörte, gab ich dem Mann grünes Licht, alles Mögliche zu mir zu sagen, an meinen Kleidern zu zupfen, an meinen Haaren zu ziehen, mich mit einem Ungeheuer, Tieren und sowjetischen Kriegsverbrechern zu vergleichen. War das ein Kleid oder ein Bademantel, was ich da anhatte? Hatte ich mir die Haare mit einer Motorsäge gestylt, oder war mein Friseur betrunken? Ich sagte mir, das sei meine Art von Humor, mein schwarzer Humor. Aber in Wahrheit zerbrach etwas in mir, wann immer ich so eine Beleidigung zu hören bekam.

Einmal wollten wir uns auf einer Party treffen. Als ich von zu Hause aufbrach, kam ich mir in meinem Vierzigerjahrekleid sehr schick vor. Aber unterwegs schaute ich in ein Schaufenster, sah mein Spiegelbild und wurde von Panik ergriffen. Nein, das ging nicht – überhaupt nicht! Da war wieder das seltsame Wesen! Es lief frei herum und sah genauso merkwürdig aus wie früher in den Siebzigerjahren. Ich musste es umbringen, ihm die Haut herunterreißen – und zwar schnell. Als ich zwanzig Minuten später auf die Party kam, hatte ich das Secondhandkleid gegen ein ganz neues Outfit eingetauscht. Eine neue Bluse, neue schwarze Jeans, eine neue Halskette und ein paar eigenartige Wildlederschuhe mit hohen Absätzen, die sich wie Hufe an meinen Füßen anfühlten – alles unterwegs eingekauft, in rasender Geschwindigkeit.

Die Überreste des seltsamen Wesens waren in der ganzen Stadt verteilt. Die Stoffschuhe in einem Mülleimer am Bahnhof, das Kleid in einem Schließfach im Kaufhaus. Die Klamotten waren unbequem, wogen schwer von Scham, als ich mich auf die Bar zubewegte. Fast mein ganzes Monatsbudget war draufgegangen. Einige Tausend Kronen. Was hatte ich mir nur dabei gedacht? Vielleicht, dass ich mir eine Sekunde, nur eine Sekunde von etwas Richtigem kaufen konnte, nur eine Sekunde von etwas, das sich wie Liebe anfühlte und nicht in Sarkasmus eingewickelt war. »Sieh an!«, sagte mein Verhältnis und zupfte am Ärmel meiner schmerzhaft teuren Bluse. »Ein High-Society-Nachthemd? Hast du jetzt auch noch die Klasse gewechselt?« Die Lachsalven seiner Kollegen an der Bar klingen noch heute in meinen allerschlimmsten Albträumen nach.

Es gibt Wunden, die nicht heilen. Das ist doch so. Lange hatte ich geglaubt, das Nein von fünfzehn Männern habe mir eine solche Wunde zugefügt. Ich dachte, die Verletzung sei zu tief. Ich war darauf eingestellt, sie zu betäuben, zu versorgen, die Narbe zu verstecken und zu tragen, so gut es eben ging. Aber etwas in mir wollte das nicht. Ich neige eigentlich nicht zum Selbsthass. Ich habe ein gutes Selbstwertgefühl. Es gab Zeiten, da war ich zu krank, um es zu spüren, aber gegeben hat es diesen Selbstwert immer, und mit der Zeit wog er schwerer als das Nein von fünfzehn Männern. Doch. Es gibt

Tage, da höre ich den Männerchor noch. Wenn ich den Gedanken an meine Wertlosigkeit auch nur streife, dann ist er da und stimmt mit ein. *Du nicht, du nicht, du nicht.* Aber an neunundneunzig von hundert Tagen haben diese Männer keine Macht über mich. Schwieriger ist es mit dem Männerblick, der im Verborgenen wirkt, eingewoben in Normen und Hierarchien, in kulturelle Erwartungen und Narrative. Der von den meisten getragen und genährt wird, auch von Nichtmännern.

Es gab eine Zeit in meinem Leben, da verspürte ich eine diffuse Pflicht, mich hässlich zu finden – denn das wird von einer zurückgewiesenen Frau erwartet. Manchmal treffe ich Menschen, die selbstverständlich annehmen, dass ich die Wahrheit der Männer für mich akzeptiert hätte, und mein Los als hässliche Frau bedauern. »Deine Schönheit kommt von innen«, sagen sie. »Schrecklich, dass das nicht zählt.«

Ich weiß, ich bin für sie das, was alte Jungfern seit Langem schon waren. Eine Projektionsfläche. Das ist Küchenpsychologie. Sie haben Angst, dass sie selbst die Hauptforderung des Patriarchats – »Sei appetitlich!« – nicht erfüllen, und benutzen mich als Müllhaufen für ihre Angst, damit sie sie nicht spüren müssen. Allerdings liegen sie mit ihrer Annahme daneben. Ich fühle mich überhaupt nicht hässlich und habe inzwischen null Interesse an den ästhetischen Präferenzen von fünfzehn Männern. Wenn der männliche Blick das höchste informelle Gericht dieser Gesellschaft ist, dann muss die alte Jungfer eine Querulantin werden.

Während ich dies schreibe, im Winter 2017, bin ich keineswegs die Einzige, die sich nach dieser Art von Querulantentum sehnt. Elf Jahre sind seit dem Start der MeToo-Bewegung in den USA schon vergangen, als Unterstützung für die Opfer sexueller Übergriffe, vor allem an afroamerikanischen Frauen in armen Stadtteilen. Die Stimme der Bewegung ist zu einem Brüllen angewachsen, das nicht zuletzt in Schweden zu hören ist. Frauen aus allen Berufsgruppen berichten von Händen im Schritt, Vergewaltigungen, Machtmissbrauch und angepasstem Schweigen. Machthierarchien werden durchgeschüttelt. Wo ist mein Platz in der Schwesternschaft?

Im Kielwasser der MeToo-Bewegung erreichen mich auch Altjungfernwitze, und ich möchte bloß noch schreien. Müssen die alten Jungfern sich einen eigenen Hashtag zulegen, meint ein zu Scherzen aufgelegter Bekannter. Wir-die-niemand-je-begrapscht-hat-obwohl-wir-es-wollten. Ich beiße mir auf die Lippen und rufe ihm in Erinnerung, dass die Männer, die mir am meisten wehgetan haben, auch die Sorte Männer waren, die von MeToo angeprangert wurden. Ich bin tatsächlich nie begrapscht worden. Ich könnte allerdings haarsträubende Geschichten erzählen von Männern, die keinen Sex mit mir haben wollten – und extrem erniedrigende Methoden angewandt haben, um dies klarzumachen. Kann ich also auch *#metoo* in mein Facebook-Profil schreiben? Nein, ich glaube nicht. Ich kann allerdings hoffen, dass die feministische Revolution, von der so viele sprechen, sich mit vielen Formen der Erniedrigung auseinandersetzt. Die Freiheit, die wir anstreben, muss mehr umfassen, als nicht begrapscht zu werden.

Es gibt Gesprächssituationen, in denen ich nur noch schweigen kann; es herrscht dann eine einträchtige Wärme, an der ich nicht teilhaben kann. Wenn ich mit gleichaltrigen Frauen zusammensitze und viele sich einig sind, dass wir alle hübsche Mädels seien, die ihr Leben gelebt hätten, und dass wir uns auf einer kerzengeraden Straße von begehrt nach unsichtbar befänden, dann werde ich von widersprüchlichen Gefühlen zerrissen. Einerseits bin ich neidisch und möchte auch in die Wärme eintreten, als Beleg dafür, dass ich ein ideales Frauenleben gelebt habe. Andererseits werde ich wütend. Warum tun wir so, als wäre das die Wahrheit aller Frauenleben? Nein. Ich zweifle keine Sekunde daran, dass schrecklich viele Frauen mit gutem Grund erleichtert sind, wenn sie endlich in Ruhe ihr Bier trinken können. Ich habe nur meine Zweifel an dem Konsens, der in Bezug auf die Dramaturgie eines Frauenlebens herrscht. Entschuldigung, möchte ich rufen. Ich war doch wohl nicht die Einzige, die eher als jung und freaky angesehen wurde denn als jung und begehrenswert. Zeigt euch, möchte ich sagen. Ich weiß, dass ihr hier sitzt. Ihr versteckt euch hinter eurem Anpassungszwang und euren verdammten Instagram-Idyllen. Aber ganz tief drin im Versteck der Erinnerung wohnen immer noch die unbeachteten Gespenstermädchen, die Mauerblümchen und andere Freaks, die achtzehn, fünfundzwanzig und zweiunddreißig Jahre alt sind. Verratet sie nicht, will ich rufen. Retuschiert sie nicht raus aus der Geschichte.

Eines Nachts träume ich von einem Krieg. Ich stehe am Rande eines Schlachtfelds und sehe, wie Soldaten sich gegenseitig mit Bajonetten abstechen. Irgendetwas sagt mir, dass ich auf die andere Seite des Schlachtfeldes muss. Aber wie soll das gehen? Sobald ich auch nur einen Fuß aufs Schlachtfeld setze, bin ich tot. Dann drehe ich den Kopf ein wenig zur Seite, nur ein kleines bisschen, und entdecke einen Weg, der direkt durch den Krieg führt!

Solange ich geradeaus schaute, konnte ich ihn nicht sehen. Es war alles nur eine Frage des Blickwinkels. Doch jetzt sehe ich den Fluchtweg ganz deutlich. Einen Moment später laufe ich durch den Krieg, ganz berauscht vom Gefühl der Freiheit. Die Spitzen der Bajonette kommen mir entgegen, aber ich bin zu schnell, sie treffen mich nicht. Kann man denn so schnell laufen, frage ich mich. Ich wusste nicht, dass das physisch möglich ist.

Der Traum hat mich lange verfolgt. Ich denke oft an ihn, und ich freue mich, dass die Freiheitsgefühle, die ich im Wachzustand nie auch nur ansatzweise verspüre, offenbar irgendwo in mir verborgen sind. Doch. Ich verstehe, was sie sagen, die älteren Schauspielerinnen, die Hautcreme-Werbung für Frauen meines Alters machen. Ich bin nur nicht ihrer Meinung, dass die Unsichtbarkeit uns befreit. Ich war lange genug unsichtbar. Das ist kein Zustand, der mir irgendwie genutzt hätte. Die Freiheit soll so sein wie in meinem Traum. Beweglichkeit und Blickwinkel, das ist der Trick.

Ich drehe mich um. Ich schaue auf mein Leben zurück wie durch ein umgedrehtes Fernglas. Wie alternde Frauen in Romanen. Da steht sie. Das Mädchenwesen. Ihre Augen sind nicht »groß und klar«, ihr Körper ist nicht »straff«, die Haare sind nicht »lang und dunkel« wie bei dem jungen Mädchen in der Autobiografie, die gerade auf meinem Nachttisch liegt. Aber sie hat oder bekommt bald eine sehr brauchbare Position. Im Dazwischen zu stehen, außerhalb und innerhalb zugleich, einerseits von der konservativen Sehnsucht gelenkt, andererseits von ihrer Unfähigkeit, sie wirklich zu leben, das kann als hoffnungslos schwache Position angesehen werden. Wäre es wirklich einfacher gewesen, wenn das Mädchen sich als exzentrischer Schnupferich entlarvt hätte, der glücklich und mit leichtem Ranzen in der Peripherie des Mumintals umherstreunt? Vielleicht. Aber dann hätte sie das kritische Potenzial nicht gehabt, das hinter einem klug eingesetzten Altjungfernblick wohnt.

Ein gutes Beispiel für diesen Blick finden wir in Agatha Christies Büchern, insbesondere bei Miss Marple. Alte Jungfer und detektivisches Genie. Bei flüchtiger Betrachtung könnte man meinen, dass Miss Marple mit ihrer Vorliebe für Gartenarbeit, Dorftratsch und ein friedliches Fräuleindasein die pure Karikatur einer alten Jungfer darstellt, die niemand ernst nimmt. Aber ihre Harmlosigkeit ist nur Schein. In ihrem aufschlussreichen Essay »Spinsters, Surveillance and Speech: The Case of Miss Marple, Miss Mole and Miss Jekyll« beschreibt die kanadische Literaturwissenschaftlerin Kathy Mezei, wie Miss Marple insgeheim den Blick der alten Jungfer bis zur Perfektion entwickelt hat. Einerseits erhält Miss Marple den Status quo im Dorf aufrecht, sie ist die Wächterin der Konvention. Andererseits durchschaut sie als Einzige die Familiengeheimnisse, findet die Leichen im Keller.

Wenn ich zurückgehen und meinem jungen Ich einen Rat geben könnte, dann wäre es der: Setze diesen Blick sorgfältig ein.

Nach Hause auf den gläsernen Berg

Es gibt einen entscheidenden Moment. Die Geburtsstunde der alten Jungfer sozusagen. Im Dezember 2015 in Göteborg. Ich bin fünfzig und hatte gerade einen Rückfall in allzu bekannte Muster. Ein Verhältnis hatte gerade mal wieder Nein gesagt, war zu neuen Sonnenaufgängen davongetanzt und hatte mich geradewegs in eine Zeit zurückgeworfen, von der ich geglaubt hatte, sie sei lange vergangen. Der Männerchor war nicht verschwunden. Er hat nur eine Weile geschlafen. Jetzt brüllt er mit voller Lautstärke in den Tiefen der Erinnerung. *Du nicht, du nicht, du nicht.* Den ganzen Weg von Vagnhallen in Majorna bis zum Chapmans-Platz habe ich hyperventiliert. Ich sitze auf einem Schneewall, warte auf die Nachtlinie der Straßenbahn und bemühe mich, normal zu atmen. Der Schnee fällt und fällt, wie immer in solchen verdammten Nächten. Ich sollte nicht hier sitzen. Nicht an diesem Punkt in meinem Leben. Ich sollte es doch gelernt haben. Ich sollte eine Frau mittleren Alters sein, die schon lange nach Hause gefahren ist, ihre nassen Socken auf die Heizung gehängt und eine Freundin angerufen hat. Aber nein, verdammt noch mal, ich sitze hier, umgeben von den dunklen Fenstern in der Fassade des Landratsamts, und ich versuche, so zu atmen, dass die Familien, die hinter heruntergelassenen

Rollläden schlafen, nicht wach werden. Ein Volvo kriecht vorbei. Ich spüre die fragenden Blicke aus dem warmen Innenraum, aber es ist mir egal. Ich bin müde, bis ins Knochenmark müde. Wird man denn nie freigelassen? Doch, man wird.

Nachdem meine Atmung sich beruhigt hat, verändert sich etwas. Tausend Stunden Therapie machen klick. Ich bin keine siebenundzwanzig mehr. Ich habe eine Stimme und kann reden. Ich lege mein Leben nicht in die Hände eines anderen. Und das Wort ist da: das Schimpfwort – das hässliche. Jesses. Ich habe doch die ganzen letzten Monate mit dem Wort gespielt. Ich habe um den Ausdruck gerungen, darüber geschrieben und sogar in einem Artikel in der Lokalzeitung einen Aufruf gestartet. »Wo ist die durchlebte Erfahrung?«, habe ich geschrieben. »Wo sind die Frauen, die keine Wahl haben?« Ich habe nur ein kleines Detail übersehen. Oder besser gesagt, ich habe mit dem Gedanken geflirtet, mich jedoch nicht getraut, ihn zu Ende zu denken: Ich suche ja mich selbst! Ich selbst bin die moderne alte Jungfer.

Der Begriff verändert den Schwerpunkt in der Angst. Wie beim Kampfsport. Wenn der Gegner einen angreift, kann man seine Kraft gegen ihn verwenden. Man kann den Angriff des anderen auffangen, sich weiterdrehen und die Macht zurückerobern. Das ist Selbstverteidigung, und die Sprache funktioniert genauso. Schwule, Lesben, Tunten, Bitches, Omas haben es schon getan. Es ist höchste Zeit, dass die alten Jungfern ihren hässlichen Namen zurückerobern.

Viele haben mich davor gewarnt, mich in diese Gesellschaft zu begeben. Sich neben die Abgewiesenen zu stellen bedeute, sich selbst zu bestrafen, meinen sie. Ob ich ein gebranntes Kind sei und mir nichts mehr zutraute? Oder ob es so schlimm sei, ich fünfzehn Männern recht gäbe und sie das finale Urteil über mich sprechen ließe? Wirklich nicht.

Wenn ich den Begriff *alte Jungfer* zurückerobere – ihn reclaime –, ist das keineswegs gefährlich, destruktiv oder traurig, im Gegenteil. Ich habe damit mein Leben nicht dem Alleinsein geweiht, nichts über meine Zukunft behauptet. Indem ich mich *alte Jungfer* nenne, stehe ich zu meiner Geschichte, mehr nicht. Ich nehme mir das Recht, über das, was ich weiß und gesehen habe, zu sprechen. Und ich tue dies in der Gewissheit, dass ich, in dem Moment, wo ich das Narrativ über mich in Besitz nehme, mich von anderen Narrativen befreie, denen der Kultur, von denen ich keinerlei Nutzen hatte.

Vielleicht werde ich bis an mein Lebensende alte Jungfer bleiben. Das wäre ein Verlust. Ich würde lügen, wenn ich etwas anderes behauptete. Ich glaube, ich wäre eine gute Lebensgefährtin. Dass ich eigentlich nie jemanden treffe, der das auch findet, ist sehr traurig. Andererseits bin ich auch nicht bereit, mein Leben als Alleinstehende um jeden Preis aufzugeben.

Während meiner Wanderung in die Altjungfernschaft habe ich viele verheerende Beispiele von Zweisamkeit gesehen. Manche betreiben ihre Zweisamkeit wie ein kleines Unternehmen. Andere leben wie in einer Druckkammer von unerfüllten Bedürfnissen oder haben die Grenze zwischen

Liebe und Manipulation schon lange überschritten. All das möchte ich nicht haben. Wenn ich mit jemandem leben möchte, dann mit einem ganzen Menschen, einem Seelenverwandten, und die sind selten. Ich rechne nicht mehr damit, dass ausgerechnet ich so jemanden treffen werde.

Das liegt in der Natur der Altjungfernschaft. Irgendwann passiert man die Grenze, wo man so eins ist mit seinem Alleinsein, dass man es nicht mehr als Krankheit betrachtet, die auf jeden Fall geheilt werden muss. Es ist mehr wie ein Zuhause, wo man so viel renoviert und gegärtnert hat, dass einem schon sehr viel angeboten werden müsste, damit man von dort wegzieht. Auf dem Schneewall sitzend – meinem gläsernen Berg – versuche ich abzuwägen, was ich bekommen habe und was verloren ist. War die Altjungfernschaft eine Qual, ohne die es mir besser gegangen wäre, oder war sie in Wirklichkeit das Beste, was mir passieren konnte, ein unerbetenes Geschenk, das ich vom Leben bekommen habe? Sowohl als auch, möchte ich behaupten.

Es gibt Erinnerungen, auf die ich gut verzichten könnte, das Gefühl des Ausgestoßenseins, darin kann ich keinen Wert sehen. Aber ich habe auch so viel Fantasie, Verständnis und Abenteuer auf der »falschen« Seite des Normzauns gefunden, dass ich mir nur schwer vorstellen kann, nicht dort zu leben. In meinen besten Stunden glaube ich, die alte Jungfer hat mich vor meiner eigenen Spießigkeit bewahrt.

Als ich jung war, hatte ich ganz durchschnittliche Sehnsüchte. Ich wollte einen Mann, zwei Kinder, ein Reihenhaus in einem Vorort und vielleicht eine eigene Ballettschule. Aber das Leben verlief anders. Ich wurde eine alte Jungfer, und auf dem Weg dorthin habe ich Dinge gefunden, von denen ich nichts geahnt hatte. Fast all mein Wissen über Macht und Machtlosigkeit stammt aus meinem Leben als alte Jungfer. Das gilt auch für meine Überzeugung, dass ein Leben erst dann begreiflich wird, wenn wir es als eine Kollision zwischen Sehnsucht, Unfähigkeit, Verlust, Zufall und Möglichkeiten betrachten und nicht als die Summe freier Entscheidungen.

Es gibt Menschen, deren Recht zu sprechen nie infrage gestellt wurde. Man erkennt sie an ihrer Redegewandtheit, ihrer eleganten Wortwahl und der Selbstverständlichkeit, mit der sie ihre Worte Platz nehmen lassen. Wenn ich versuche, mir vorzustellen, wer ich gewesen wäre, wenn ich keine alte Jungfer wäre, dann stelle ich mir so eine Frau vor; redegewandt, kühl, ein wenig humorlos, aber vor allem fremd.

In Japan gibt es Kunsthandwerker, die zerbrochenes Porzellan mit Gold reparieren. Diese Technik nennt man *Kintsugi*. Als ich von meinem Schneewall heruntergestiegen bin und in der letzten Bahn nach Hause sitze, denke ich, diese Kunst möchte ich erlernen. Mit flüssigem Gold und Porzellan zu basteln ist vermutlich nicht besonders hip. Aber vielleicht mit einem Text? Ich möchte den Riss zusammenschreiben und gleichzeitig anerkennen, dass er das Wertvollste ist, was ich habe.

Das Kintsugi einer alten Jungfer.

Literatur

Biärsjö, Kicki: Från singel till självbo. Konsten att trivas i sitt eget sällskap. Forum, 2009

Bolick, Kate: Spinster. Making a life of one's own. Crown, 2015

Fielding, Helen: Schokolade zum Frühstück. Das Tagebuch der Bridget Jones. Goldmann, 1997

Hooks, Bell: Allt om kärlek. Nya visioner. Ordfront, 2004

Mezei, Kathy: »Spinsters, surveillance and speech: the case of Miss Marple, Miss Mole and Miss Jekyll«, in: Journal of Modern Literature, 30(2), 2007